宏津數位 Who People 產業人物

影鄉

11 個故事

王麗娟　著

王伯壎、吳俊福、周吉人、林宏明、林益厚、徐榮春
陳豐霖、曾濟深、曾繁城、程章林、羅家慶
（按姓氏筆畫順序）

人生尋寶之旅　找到熱情與感動

王伯壎
富強鑫集團創辦人

吳俊福
台灣樫山 KASHIYAMA 副董事長

周吉人
交大思源基金會執行長

林宏明

台日產業技術合作促進會副理事長

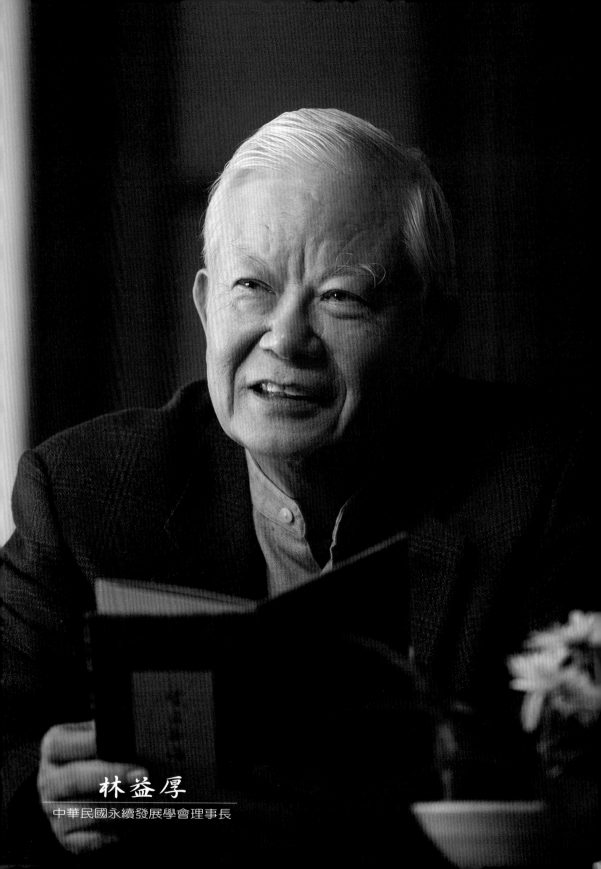

林益厚
中華民國永續發展學會理事長

徐榮春
「泰雅學堂」第一屆總幹事暨
錦屏國小校長

陳豐霖

台灣先天性心臟病關懷協會理事長

曾濟深
中華電信 HiNet 之父

曾繁城
台積電文教基金會董事長

程章林
工研院影像顯示科技中心主任

羅家慶
太陽光電集團創辦人

影鄉

11 個故事

王麗娟 著

王伯壎、吳俊福、周吉人、林宏明、林益厚、徐榮春
陳豐霖、曾濟深、曾繁城、程章林、羅家慶
（按姓氏筆畫順序）

人生尋寶之旅 找到熱情與感動

Contents

（按姓氏筆畫順序）

沈國榮
台灣科學工業園區科學工業同業公會理事長

一本必讀的好書

麗娟是活躍於科技界的知名媒體作家，最難能可貴的是除了擁有專業的文筆，她對於工作的熱情以及對周遭事務的關懷，充分展現在她的生活及寫作中，受邀為她的新書--「影響-11個故事」寫序，感到非常榮幸。

麗娟在 2008 年創立宏津數位公司，並以典藏產業故事的撰寫和報導為職志，對於台灣產發展做了最好的見証與記錄。近卅餘年，台灣在新竹科學園區的帶頭發展下，科學園區遍地開花，南科、中科的陸續成立也成為國內經濟成長的重要力道，

其中人才更是產業發展、創新最重要的因素，而麗娟長期在這塊園地耕耘，採訪過無數成功的科技人士，對於產業人物的撰述描繪，尤其深刻。

「影響-11個故事」一書內容包括八個產業故事和三個公益故事，其中受訪的人物都是各行各業頂尖的代表，對於他們所從事的工作，均極為認真投入，除了事業發展，有些是從事公益事業，有的是生態環保與都市計劃的關懷，還有對醫學、藝術等等面向影響的報導，他們有些是我們周遭熟悉的朋友，麗娟以深入淺出，大人物、小故事，輕鬆流暢的筆調，寫出他們的生活故事，在這些故事中，有很多辛苦的過程，透過麗娟精簡洗鍊的文字，詳述了許多奮鬥的過程和心路轉折的歷程，對於讀者的人生都會有很多的啟發和鼓勵。

　　例如王伯壎董事長的創業過程，就非常值得青年人參考，王董事長從小利用工作機會加強自己語文能力和專業知識，也奠定了做事業的基礎，尤其他的名言「你認為你將來是怎麼樣的人，你就會是什麼樣的人」，對年輕人立志是很重要的。

　　還有吳俊福先生，也是本會理事，過去在科學園區管理局任職時，急公好義，經常協助廠商及員工解決困難，大家都稱呼他「福伯」，為人風趣友善，職場生涯豐富，許多故事透過麗娟筆觸，讀來溫馨莞爾。還有像交大思源基金會、台積電文教其金會及泰雅學堂等三個是公益故事，報導內容讓大家瞭解到產、學、研各界還有很多熱心的企業家和文藝人士，他們對於藝文、音樂或是周遭的公共事務，都願意投入時間、金錢來創造更好的環境，分享並栽培年輕人。

　　產業人物的採訪並不容易，尤其要運用有限的文字，生動闡述生命的故事，還要抓住精彩重要的轉折點，巧妙的點

出人、事、物的特色，深入的訪談與平實的報導，再再都展現麗娟的採訪與寫作功力，也是文章引人入勝之處。

一句話，一個念頭，往往改變一個人的一生，「影響-11個故事」書中的每個故事，點點滴滴都是啟發，希望大家一定要把握機會閱讀，尤其是年輕人，許多勵志的經驗和心念，很可能觸動你的善念，改變你的人生，相信這也是麗娟撰寫這本書的目的，個人身為台灣科學工業園區同業公會理事長，也是和大工業及高峰工業董事長，雖然擁有美國IAU大學榮譽博士，但是對產業經營的甘苦，尤其感同身受，我非常樂意推薦本書給園區從業人員及所有喜好閱讀的人士，謹以此序對受訪的人物及麗娟表達由衷的敬意。

曾子章
國立清華大學校友會理事長

推薦序

人生尋寶之旅 找到熱情與感動

令人敬佩的成功人士，無論他的工作或職業是什麼，幾乎都能在他們身上找到兩個關鍵，「熱情」與「感動」。

「找到自己熱情所在」像是為人生尋寶之旅，瞄準了方向。雖然這不是一件簡單的事，但無論花多久的時間，只要能夠找到自己的熱情所在，持之以恆地投入，每個人都能感動自己，也感動別人。

「影響-11個故事」書中介紹的人物，都找到全心全意投注熱情的目標。他們朝著目標，過程雖有挑

戰與波折，但方向從未改變，並以十年、二十年、三十年、四十年的時間，日復一日持續努力，累積出精彩的成績。

HiNet之父曾濟深先生，與台積電董事長張忠謀先生同年，他將畢生智慧與熱情，貢獻給中華電信；富強鑫集團王伯壎董事長，以機械天才與經營智慧，為跨產業、跨國家的企業做出貢獻。台積電文教基金會董事長曾繁城，則是台灣半導體產業技術，從落後變成世界一流的關鍵人物。他們對目標的努力，都超過四十年。

陳豐霖醫師，為台中縣超過三十五萬名學童完成心臟超音波檢查，還帶著年輕人一日行醫，讓他們體會醫師的天職與責任；羅家慶董事長以創新的商業模式在太陽光電產業打拼，建立技術團隊的堅持與毅力，連續二年獲得經濟部能源局頒發金能獎鼓勵。林益厚與吳俊福先生盡職、利他、為國

為民的故事，讓我們看見公職人員的最佳典範。有機會，真應該去墾丁欣賞一下林益厚先生帶領團隊復育成功的梅花鹿。此外，書中介紹交大思源基金會完成的大事，真是令人敬佩。

身為清華大學校友會理事長，我非常樂見本書中有四位清大傑出校友的故事。林宏明董事長對台日產業交流的熱情與努力，帶給台灣產業極大的貢獻；程章林主任與陳琪君顧問伉儷，將國際一流企業的技術與管理智慧帶回台灣，他們的故事，可以帶給年輕人追夢的勇氣；徐榮春校長與許多原住民族人努力推動的「泰雅學堂」，協助原住民下一代做出改變，熱情動人。

麗娟是名肯下功夫的媒體人。她的文筆深入淺出，許多產業人士，都讀過她精準又精彩的報導。採訪時，麗娟對細節展現的專業與體貼，總是讓她很快就獲得受訪者的信賴。

從 2013 年的「施敏與數位時代的故事」，到 2014 年的「影響 -11 個故事」，麗娟報導產業人物故事的熱情與使命感，已經感動了許多人。

　　請將「影響 -11 個故事」推薦給身邊的年輕人，書中故事不但深具啟發性，更是一串打開人生熱情的鑰匙。

王麗娟
產業人物 Wa-People 主筆

自序

來聽故事吧！

從小，我就是個愛聽故事的孩子。只要老師開始講故事，我就能夠收心，緊緊聽著。成長過程中，我花很多時間，在故事裡找自己的角色，那真是一條曲折、漫長的路。

我很幸運，可以遇見許多精彩的人物。我喜歡「聽」他們講故事，也經常向他們提「問」問題。問答過程，經常讓我有很多體悟與學習。近距離聆聽充滿智慧的妙語，真是充滿樂趣。

從小沉醉於故事魅力的我，終於在二十年的雜誌出版，以及產業新

聞工作之後，找到一件我可以做得不錯，加上團隊夥伴的支持，可以做得更好的事。我對這件事充滿熱情及使命感。這件事就是，「典藏津津有味的產業故事」。

我想把自己認識的許多精彩人物，逐一深入介紹。希望年輕朋友，可以在故事中，找到勇氣與智慧；徬徨的朋友，能從某一句話，找到前進的力量；衷心盼望，在負面新聞惹人憂心時，提醒大家，相信善與堅持的影響力。

群聯電子董事長潘健成，是支持我們朝夢想出發的第一位貴人。旺宏電子總經理暨欣銓科技董事長盧志遠博士，是指引我們方向的第一位顧問。

2013 年我們出版『施敏與數位時代的故事』，介紹享譽國際的半導體大師，施敏院士 Dr. Simon Sze 對人類的貢

獻及其傳記故事。『影響-11 個故事』出版之際，施敏院士於 2014 年又獲得四項大獎，其中還包括國際權威的「快閃記憶體高峰會」(Flash Memory Summit) 終身成就獎及鑽石獎 (Dimond Awards)。

『影響-11 個故事』，每一個故事都深深感動了我。感謝每一位受訪者敞開心胸，為我們說精彩的故事。每一個故事，其實都應該是一本書。

感謝黃民奇董事長、林孝平董事長、郝挺董事長、胡正大董事長、徐清祥董事長對本書的贊助與支持。

採訪過程精彩萬分，充滿感動與驚喜；窩居寫稿則是心田琢磨、感情熬煉；編輯則是方圓取捨、嚴謹與紀律的操練。感謝專業又體貼的夥伴們，慧臻、靜婷、芸芙、榮豐、鴻謀、瑞英、文玲、慧玲、麗秋、琡靜，這本書是我們共同的作品。

去年台積電運動會開幕典禮之後，我請問台積電張忠謀董事長，「孔子說六十而耳順、七十而從心所欲、不逾矩，請問已超過八十歲的您，現在的心境？」。他停了一下，笑著說，現在人比以前長壽，「從心所欲是很好的境界，若有人把我放在這，我也不反對」。

　　您的人生，追求什麼？希望達到什麼樣的境界？先來聽故事吧！

創業 40 年 打造幸福企業

王伯壎

　　十六歲時因家境驟變，一夕之間變成家長。王伯壎靠著機械天份、踏實創新、勇於逐夢，以 40 年的時間，將富強鑫集團打造成台灣最大、並朝向全球前十大努力的塑膠射出成型機國際大廠。

少年伯壎

　　小時候，王伯壎的父親在菜市場賣醬油及肉品。市集裡人來人往、討價還價，一言不合就起紛爭。這樣的環境讓王伯壎養成觀察的習慣，讓他遇事總是先了解對方的想法，其次，他也習慣先替對方設想，以防爭端。

　　至於對機械的濃厚興趣，王伯壎說，一方面是興趣，一方面是從小耳濡目染。小時候，他總覺得父親好厲害，從腳踏車到摩托車，一有故障，都是自己動手修。家裡床鋪底下滿是工具及零配件，王伯壎則是父親修車時的最佳小幫手。父親啟發了王伯壎對機械的興趣。

　　初中畢業前夕，王伯壎家境生變。父親擴充太快又不擅長理財，在利滾利之下，最後竟欠下一大筆錢，房子也因此被法院拍賣。倉促之間，王伯壎及三個弟弟只好在市場的菜攤子上過夜。

從機械製圖出發

　　房子被查封、父親被債主逼得無心顧家、母親外出工作，十六歲的王伯壎一夕之間，變成一家之主。除了讀書，他還要想辦法賺錢，照顧三個弟弟長大。

　　老師注意到王伯壎的機械天份，在得知他的家境後，便鼓勵他選讀高工，培養一技之長。王伯壎考進台南高工機械製圖科，由於他喜歡機械設計，錄取後就開始動腦筋籌學費。

第一學期，他靠著扛瀝青（柏油）當小工籌到註冊費。那個暑假很曬、很燙的記憶，至今難忘。臉龐黝黑、腳底灼燙，熬過艱苦的日子，終於換來三百元的工資。

　　高二，王伯壎開始靠製圖賺取學費。剛開始一張才十元，大多是操作說明書的組合圖。畫著畫著，王伯壎認識了幫浦、引擎及抽水機的構造。這番磨練，讓他畢業後順利進入「新三東」公司擔任繪圖員。

新三東　好老闆

　　進了新三東，王伯壎一開始要做雜役，替課長倒茶水、熱飯盒，心中雖覺委屈，但聰明細心的他善於觀察，很快就對翻砂、車床等部門瞭若指掌。漸漸地，才開始有了製圖的機會。

　　老闆為了栽培員工，特別聘請老師，在下班後教大家日文。月薪六百九十元的王伯壎，經常替同事值夜班看守公司，防止小偷覬覦高價材料。除了溫習日文，他還自備棉被睡在辦公桌上，每晚可以多賺三十元。

　　王伯壎說新三東的老闆人好、度量大，曾獲十大傑出青年獎。原本馬達業務蒸蒸日上，卻因與日本的本田合作開發機車不順，遂而決定自行開發「新三東」品牌機車，最終由於缺乏品牌優勢，經營不順而關廠。

　　王伯壎十分震撼，體會到「原來不是老闆好，公司就不會倒，

經營者要注意許多風險因素，精準的眼光，善待員工，都還只是基本條件而已」。

深烙腦海的一句話

「你認為你將來是什麼樣的人，你就會是什麼樣的人」是王伯壎深烙腦海的一句話，在他心中，很早就立志要當老闆。

當兵三年退伍，王伯壎進入位於台南的「添發」工作。這時的他不但懂日文機械術語，還能光聽描述，就把一整台機械完整繪製出來。當時能看懂日文的產品型錄，是很關鍵的能力，老闆看王伯壎對機械零件的構造一清二楚，對他十分賞識。

短短一個月，公司就把他的薪水調高到一千九百五十元，和具有三年資歷的員工一樣。

努力充電 追求成長

添發每天上班九小時，月休二日。有一回遇上五一勞動節，王伯壎不知道公司並沒有放假，就沒有去上班。隔天老闆對他說，你是坐辦公桌的，又不是勞工，跟人家放甚麼勞動節呢？

王伯壎覺得被老闆責備，決定另找工作。他到另一家公司面試，一位主管問王伯壎為何願意捨一千九百五十元的薪水，而來應徵月薪一千八百元的工作。王伯壎據實答說，因為這裡周休一天，每天只做八小時，加上有女性員工，所以想「來這裡學習」。沒想到這

句話引起對方反問「你若學習完，也是要走的吧？！」這些遭遇讓王伯壎後來特別能以同理心體諒員工追求成長的企圖心。

企業文化

年輕時的歷練，讓王伯壎創業之後，特別留心企業的永續經營之道。他把自己力行多年、深有體會的管理心法，歸納為「新、速、實、簡」四個字。

每一天都要「創新」，王伯壎說，能把缺點改過，今天就會

少年時代的王伯壎，早有創業的想法。

比昨天好；而做事動作敏捷、快速回應，比別人更勤快一點，是王伯壎對「迅速」的註解。

王伯壎強調做人要樸實、做事要落實、做生意要誠實。唯有如此才能獲得別人的信賴感，事情才好推動。他特別強調「落實」的重要性，事情如果沒有做到徹底，就不能了解其真諦，也無法成為真正的知識，還可能會重複錯誤，進而付出多次失敗的代價，才換得一次經驗知識。

富強鑫注重「精簡」的企業文化，從產品設計、廠房設施到公

富強鑫舊時安平二廠的員工合照（右一為執行長蔡勝宗）

司環境，大小環節處處可見。王伯壎說，企業文化不是貼在牆上的標語，而應是反應在每位同仁的言行舉止，老闆一定要發自內心以身作則，才能影響員工的表現。

創業　四台車床開始

　　起先，王伯壎買了一台中古的車床放在客廳，讓想升學的二弟賺學費。沒想到透過已經當廠長的好同學邱家淼幫忙，除了發包工程外，還教二弟怎麼做，每月可有三千元收入，比上班薪水好得多。如今邱家淼成了王伯壎的事業夥伴，並擔任富強鑫集團副總裁。

由於工作量增加，原來每月收入八百元的三弟乾脆也回家幫忙，王伯壎又買了一台車床，收入果真呈倍數成長。兩個弟弟收入六千元，加上大哥王伯壎的薪水，讓全家總收入上萬元，在當時是相當高的水準。

　　隨後不久，添購兩台車床、增聘兩個人手，王伯壎、王伯祥、王伯豐三兄弟就在住家台南市富強路，創立了「富強鐵工所」。這一年，是 1974 年。直到 1978 年才轉型為塑膠射出成型機製造廠。

成家　勇氣十足的新娘

　　創業之前，王伯壎帶著三個弟弟過生活，薪水三千多元。除了小弟太小無法工作，二弟及三弟分別賺一千多元及八百元，兩人都讀夜間部。身為大哥的王伯壎，下班後還要替弟弟們煮飯、洗衣服。

　　他常跟三個弟弟說，大家要一起努力工作，母親在外替人幫傭很辛苦，希望可以早日接媽媽回家團圓。

　　房租六百、四兄弟每人每月花費二百、加上每天菜錢八十元，總計一個月的總開銷約三千八百元。王伯壎盤算著應該可以把母親接回家來，但母親說，你們才賺這麼點錢，還要養我，我會不安心。她堅持在外工作，自力更生。

　　到了適婚年齡的王伯壎，雖然媒人為他介紹了不少對象，但女方一得知婚後必須跟三個小叔同住，都紛紛打了退堂鼓。王伯壎暗自祈禱，未來的太太不但能為四兄弟洗衣燒飯，最好還能自己有收

王伯壎夫人李秀霞

入。結果，老天爺似乎聽到了這個請求。

具有國小學歷、而且還是德興製衣廠的廠花，王伯壎的太太李秀霞婚後在家做裁縫，每個月也有一千多元的收入。王伯壎笑說，當年標會八千元娶妻，連聘金都不夠，後來靠母親、父親及大姐的幫忙，才湊足了一萬多元。

當女方詢問王伯壎是否需要冰箱當嫁妝，王伯壎馬上說，不用了！我們家的東西剛好夠吃，沒有多餘的東西需要冰呀!! 後來，新娘子的嫁妝是生財工具，摩托車一台。

天助、自助、人助

由於二弟晚報戶口三年，結果，到了服兵役的年紀，變成二弟、三弟要一起入伍。公司一次抽掉兩個人力，讓王伯壎決定辭去添發廠長的工作，回家照料生意。

除了車床加工，王伯壎也找朋友介紹各種生意。除了減速機、活動輪、模組之外，舉凡客戶提出需求，包括戲棚子、鐵欄杆、水

溝蓋等，王伯壎都能又快又好地完成任務。不但報價快速，而且施工俐落，因此累積起相當好的口碑。

漸漸地，很多人的射出機故障，也會來找曾任添發廠長的王伯壎幫忙修理，連左鄰右舍都知道王伯

舊廠作業情形

壎的功夫好，紛紛建議他應該自己做機器設備。

靠著客戶付錢買材料，王伯壎一邊拿錢、一邊安裝，最後終於完成了第一台設備，並因此慢慢發跡起來。

貴人出現　三龍大訂單

當年位於新店碧潭的「三龍」，是北部一家指標性的塑膠廠。他們向添發買了射出成型機，因此和添發的外務人員相當熟悉。透過這位外務員，也是王伯壎老同事的介紹，三龍的老闆看到了在大太陽底下搭布棚子製造射出成型機的「富強鐵工所」。

大老闆鄭玉龍看到王伯壎的團隊頂著大太陽揮汗工作，全身曬

得黝黑發亮，加上他知道王伯壎原來在添發擔任廠長，因此馬上就問了價錢。添發的外務員一口就報價三十五萬元，還騙三龍的老闆說他是王伯壎的合夥人。結果，他把三龍老闆全額支付的三十五萬元，只給了王伯壎三成，自己則吞佔了七成的貨款。

直到王伯壎的現金實在不足，再次向三龍請款時，這樁騙局才被揭穿。三龍老闆見王伯壎做人實在、做事認真，對他十分欣賞，隨即又追加了三台機器，並全額付款，王伯壎資金吃緊的窘境，才得以度過。

貴人提攜

王伯壎很感謝一路走來許多貴人的相助。他表示，最感謝三龍的老闆鄭玉龍，在富強鑫剛創業時率先訂了四台機器，而且還預付現金，讓公司能有資金，一下子就展開新局面。

富強鑫於 1974 年 2 月創立以後，穩健成長，王伯壎不但獲得中華民國青年創業協會總會（簡稱「青創總會」）第十屆創業楷模，而且還率領富強鑫於 2004 年 4 月 5 日上櫃，為國內第一家也是唯一上櫃之塑膠射出成型機公司。產品行銷全球，客戶遍及五金類、光電產業、手機製造、連接器、LCD 產業、汽車零件等產業。

在國內，鴻海、友達、奇美、東陽集團、大億集團、燦坤等都是富強鑫的老客戶；在國外的大客戶則有偉創力、塔塔汽車、比亞迪、長城集團、四川長虹、海爾等。富強鑫集團創立四十年來，除

富強鑫東莞廠

富強鑫寧波廠

了於台灣、東莞、與寧波設有製造廠外，在世界各地設有四十處代理商，並在全球七十個城市設有行銷服務據點。

　　王伯壎聽說鄭玉龍曾發願要做善事，計畫要提拔三十個年輕人創業。而當年三十歲的王伯壎，就是被提攜的幸運兒之一。至今，創業有成的王伯壎，仍對鄭玉龍深深感念，如今也學習他的精神，時常協助年輕人創業。

創意行銷　貼近第一品牌

　　絞盡腦汁為客戶開發速度快、噪音低的自動化射出成型機，王伯壎開發出一分鐘可以做五模的設備，比別人一分鐘只能做三模，更具競爭力。

　　「大洋玩具」的研發部協理蔡青峯看富強鑫的機台快又好，就對王伯壎說，「你的機器不錯，你還有賣給誰？叫他來幫我代工好了！」王伯壎心想機會來了，就在報紙上刊登廣告徵求代工，順便推

廣富強鑫的設備速度比別人快的優點。

第二波廣告，王伯壎在報上高薪誠聘會操作富強鑫機器的師傅，王伯壎此舉一方面為自己的公司徵人，二方面也為買了富強鑫機台的客戶找操作師傅。

等到高價購買富強鑫的中古機器這第三波廣告一出，一時洛陽紙貴，市場上人人在問，「富強鑫的機台，為什麼這麼搶手？」原本默默無聞的富強鑫，一下子就被人拿來與第一品牌相提並論。加上王伯壎想出創新的付款條件，讓客戶分期付款購買機台，業績從此蒸蒸日上。

富強鑫集團全球營總部位於台南關廟，面積寬廣，達 24,000 坪。

前瞻未來　大膽作夢

　　創業開始，王伯壎就經常以創新的手法，讓許多人跌破眼鏡。連他以前的老闆，都稱王伯壎是一匹黑馬。王伯壎說，「你認為你將來是什麼樣的人，你就會是什麼樣的人」這句話，不但帶給他啟示，也帶給他很大的力量。

　　民國七十年左右，擁有三、四間工廠，佔地二千多坪的王伯壎，在同行間已經少有競爭對手，於是他決定到日本取經。看到日本廠商規模之大，廠房占地之廣得動用飛機從空中鳥瞰拍攝，讓他受到極大衝擊。大開眼界的王伯壎，參觀了日本大廠創立十年、二十年、三十年、四十年的成長軌跡，讓他產生了大膽作夢的勇氣。

十甲、十年、十億

　　一趟日本行，讓王伯壎站在二千坪的「現在」，遠眺佔地十甲的「未來」。為了落實這個夢想，王伯壎還特別找專人繪製一份「十年計畫」圖，放入公司型錄中，並將公司的營業額由當時約為新台幣四、五億元，大膽倍增，估算到十億元的水準。

　　果真，日本行回來不到十年，富強鑫於 1991 年遷廠至台南市關廟區現址，籌設全球營運總部，事業版圖不斷擴增，並於 2004 年正式掛牌，成為台灣區同業首家且唯一公開發行之上櫃公司。

　　王伯壎也因此當選中華民國青創總會第十屆「創業楷模」及經濟部「全國優良商人」，而富強鑫的產品也多次獲得「台灣精品獎」

的榮譽。（註 1）

不斷充電　終生學習

　　從台南高工機械製圖畢業就開始投入工作的王伯壎，對機械技術從摸索到創新，已為富強鑫建立起好口碑，但對於電路自動控制，卻很想再進修。

　　三十五、六歲的王伯壎，考進南台工專（今南台科大）電子科夜間部進修。笑說自己愛搞怪的王伯壎擔任學術股長，會替每一位授課老師打分數。班導師說這麼做不太好，但王伯壎跟導師說，他只是想藉此反映意見，希望教師們能改變填鴨的授課方式，了解這些在職學生的學習需求，對實務面能真正受用。

美國 MBA　受益良多

　　獲選創業楷模後，王伯壎與幾位得獎人深感管理的重要，除了在淡江大學修讀企管學位外，還結伴到底特律聖母大學（Madonna University）就讀企業管理碩士（MBA）。

　　民國七十年首次接觸國外教學的他，覺得很新奇，較國內的教法活潑，例如，教授會指定課本要學生看過之後試著介紹該書的重點，並分享自己的意見。指定的作業雖然簡單，卻很靈活。例如「採訪你最尊敬的人」，就讓王伯壎因此將作業一直延伸，拜訪了很多

成功人士及社團負責人，觀察他們如何治理公司及解決各種難題，因此大有斬獲。美國這段學習，讓王伯壎深受啟發。

富有　五十個面向

底特律聖母大學是密西根最大的天主教大學，校長是名修女，教導哲學概論。有一次上課，她要大家回答，什麼叫Rich Man？

全班三十幾位同學逐一回答過後，她又說，額外補充的人可以再加分，最後，答案從有錢、

王伯壎經常提醒年輕人，思考「富有」的各個面向。

有地位、有健康、有才華，到擁有良師益友等，一共激發出五十幾個答案。

最後，校長做了結論。她說，你們說的都是富有的條件，想想看，追求富有不是只有一個面向而已呀！你們有五十幾個面向可以追求，追求不到的不要硬碰硬，先轉個彎，累積小成功也能促成大成功。後來王伯壎還將此觀念運用在解決大問題上，試著先將問題切割成小部分處理，相對就比較容易解決了。

給年輕人的忠告

王伯壎常問來採訪他的年輕人，「你現在覺得你缺什麼？」他也總是提醒年輕人思考什麼是富有？什麼叫成功？提醒他們不要只是追求錢多、地位高，畢竟人生追求的是幸福快樂，富有的人生，是有很多面向值得追求的。

王伯壎指出，相較起來，也許早期創業成功的機會較大，特別是製造業，但現在服務業機會多，能當個小老闆也不錯。他認為，在企業內部創業成為供應商，或在大型連鎖企業擔任店長，都相當於是老闆，而小企業未來還有機會整合成大企業。

空鬆柔勁　追求健康

一次健康檢查發現王伯壎健康亮紅燈。他反省自己，歸納出「早睡早起、營養均衡、適當運動、心情愉快、少接觸環境毒素」的生活新守則。營養師教他營養要均衡，注意食物中鉀與鈉的比值（鉀鈉比），將身體由酸性調整成鹼性。很多人看他保養得法，紛紛向他請益，演講邀約不斷。（註2）

「空、鬆、柔、勁」是他對氣功的體認。放空可以更專注，放下主觀先看別人怎麼做，可以更容易吸收；放鬆可以安靜柔軟，全身氣血較易通行。以維修機器為例，常常一心急就滿頭大汗，只要冷靜下來回歸基本動作，自然就可以處理得很好。

至於柔，並不是一味柔弱，常是柔中帶勁，以柔克剛，必要時

還能發出寸勁。王伯壎也想將此四字體認內化為「企業禪」，以強化富強鑫的體質。

攬才、育才、留才

王伯壎認為，用人基本原則首重「和諧誠信、適才適所」，其次則是落實企業文化「新速實簡」。為了培育人才，他讓公司開班儲訓工程師，教技術也教管理，培訓專科畢業以上的員工。許多接受培訓的員工，後來也自己創業，成為公司產業鏈的一部份。

富強鑫從南台科技大學、崑山科技大學、遠東科技大學及職訓中心積極延攬技術人才，並提供獎學金。針對機電整合的技術紮根，富強鑫特別與虎尾科技大學合作，開立「光機電產學專班」。此外，也在高雄第一科技大學進行多次產學合作，讓學生在進入富強鑫之前，先在學校接觸機台培養實務經驗。（註3）

富強鑫執行長蔡勝宗是王伯壎拜託成大教授引薦覓得的菁英人才；東莞富強鑫總經理曹景明也是由王伯壎延攬加入，從財務主管開始一路拔擢並委以重任；而現任富強鑫協理李炳賢，則是副執行長王俊賢到成功大學就讀 EMBA 時，邀請加入富強鑫的人才。

用對的人　走有價值的路

王伯壎體會到人才對企業的重要，唯有好的環境、適才適所，才能留住人才。他說，選用「對的」人比選用「最好的」人重要。

富強鑫執行長蔡勝宗加入集團已超過 28 年 (2014)

有興趣、可以在職務上發揮才能，並接受訓練的人，才是富強鑫最需要的人才。相對地，最優秀的模範生，如果沒有給予足夠的發展空間，人才絕對會流失。

對於商場競爭，王伯壎認為能和平共處、共存共榮是最好的。他強調，品質、成本、交期、服務，都只是基本要件，成敗關鍵在於能否適時開發出符合市場需求的產品，能否讓客戶有信賴感，並做到令人感動的服務。

品質第一　回歸基本動作

每一台富強鑫出廠的機台設備，到了客戶工廠的生產線上，都是重要的生財器具，機台品質不但影響客戶的收益，更代表富強鑫的信譽。機台任何一個小小的更改，必須全面顧及其他環節，才不會帶來無用的庫存。「我們做了很久，才有了這一些經驗」，王伯壎強調，累積失敗的經驗逐一改正，甚至舉一反三、建立制度，才

能確保不再犯相同的錯。

　　每當工程人員在障礙排除受挫時,王伯壎總是用「回歸基本動作」這句話提醒大家,只要靜下心把每一個細節再檢查一遍,問題經常就能迎刃而解。

員工士氣　金不換

　　王伯壎的處事原則強調「真心」二字,他說,「能讓員工願意付出真心的企業,一定會成功」。他強調,多為員工設想,注意他們的生活需求及工作環境的品質,員工就會對公司產生信任。

　　有一回王伯壎發現,工廠的師傅為了節約電費,經常把廠房內的排風機關掉,他發現後馬上找來主管提醒他,工作環境的衛生與安全,是照顧員工最基本的工作,工廠既然都安裝了排除廢氣的設備,卻因為捨不得電費而不啟動它,豈不是白費苦心。

　　他強調,老闆所做的每一件事,都會影響員工感受,真正有心照顧員工,員工是一定能夠感受到的。

異業整合　提升價值

　　面對大陸打價格戰的競爭者,王伯壎決定採取異業整合策略。這是富強鑫給自己的挑戰,客戶只要告訴富強鑫要做什麼產品,從機台、模具到原料,富強鑫都能提供最佳的系統方案。

　　站在客戶的立場,為他們設想,是服務的最高境界,2009 年

八八水災造成台灣中南部及東南部嚴重受創，富強鑫第一時間警覺
到客戶的生產線受創，快速投入所有人力 24 小時趕工搶救維修機
台，協助客戶快速復工，做到了讓客戶感動的服務。

永續發展　接班人計畫

2009 年王伯壎當選台南最大的企業主組織「億載聯誼會」會長，
深刻體會到許多第一代創業家，對接班人的課題感到頭痛。

王伯壎建議第一代創業家，邀請創業家夫人與第二代一起加入
聯誼會，並讓第二代進行聯誼，由他來做輔導長。王伯壎主張，先
讓第二代去體驗，讓他們有機會遭遇實務問題。以富強鑫而言，王
伯壎的兩個兒子王俊傑及王俊賢，已先後加入公司歷練。

畢業於中興大學企管研究所的大兒子王俊傑於十多年前，加入
富強鑫集團，如今擔任集團副董事長兼寧波富強鑫總經理。二兒子
王俊賢中山大學機械研究所畢業後，於 2000 年進入富強鑫，2006
年又取得成大 EMBA 學位，如今負責主力產品射出成型機的所有業
務，擔任富強鑫集團副執行長。

信賴與尊重　專業經理人

王伯壎掌舵總管理處，監督年度目標、人才任用原則、企業文
化及風險控管。他以智慧、身教及哲學思維，影響著他身邊的專業
經理人。富強鑫執行長蔡勝宗對王伯壎作人踏實、做事專業、推動

行銷則展現靈活創意，簡直佩服得五體投地。此外，他對於王伯塤的氣度，更是推崇。

一回某客戶到廈門投資，下了大訂單，但價格卻壓得很低。蔡勝宗站在「邊際貢獻」的角度，化解「全部成本法」虧錢的思維，讓王伯塤點頭成交。蔡勝宗說，企業家能信任與尊重專業經理人，是很不簡單的事。

富強鑫集團父子三人，王伯塤（中）、王俊傑（左）、王俊賢（右）。

富強鑫副執行長王俊賢剛加入營業部時，積極地把舊客戶找回來，讓他相當有成就感。他說，父親影響他最重要的兩句話是「做生意要誠信」及「做老闆要有氣度」。氣度二字，則是直到他參與了公司營運，才有了深刻體會。

對於公司費心栽培的員工自立門戶，王俊賢就從父親身上，學到諒解與企業家的氣度。換個角度想，員工創業能有良好的發揮，應是值得欣慰與鼓勵的事。如果雙方能夠合作、互惠共存，也可說是美事一樁。

大陸市場　胼手胝足

富強鑫是台灣少數在中國設有工廠與技術服務據點的塑膠射出

成型機廠。王伯壎說，一開始在東莞設立服務據點，是因應客戶需求。

大兒子王俊傑夫妻在寧波辛苦草創的過程，王伯壎至今點滴在心。他說，初期王俊傑每三個月回台灣一次，相處幾日就要和孩子上演揮淚離別的戲碼。孫子甚至哭求王伯壎說，阿公你是董事長，你叫爸爸留下來不要去那麼遠，聽得王伯壎心疼不已。如今，東莞廠與寧波廠都有相當規模，年年為集團帶進獲利。王俊傑把小孩接到寧波，太太也到上海交大攻讀研究所，繼續為深耕中國市場努力。

鼓勵創新　幸福企業

企業必須時時創新，才能展現價值。除了發放獎金鼓勵創新，富強鑫還特別設置「提案王專屬車位」以獎勵每月提案改善冠軍得主，車位設有車棚且位置最好，讓大家知道公司對創新的重視。

「企業經營，是一種平衡的藝術」，王伯壎說，成功不在營業規模或獲利多少，而在於社會、員工、客戶及協力廠商對你的信賴與好評。如何在客戶、員工、股東、供應商之間取得平衡，是最重要的事。而「正念及利他」，是經營者的首要條件。

王伯壎說，職場有如修練的道場。很多人說他做人和藹，指點員工缺失，也總是說一下而已，不會傷及員工尊嚴。他說，越處高位，謙虛更可貴。問他個人最開心的時刻，他說，全家大小團圓，

富強鑫集團營運總部「創鑫大樓」前，開工祈福(2014)

和樂融融在一起，就是他最開心的時候。

展望未來，王伯壎最大心願是建立一個「令員工感覺幸福、讓協力廠及客戶信賴，以及能為社會甚至國家帶來正面評價的國際知名品牌」。

全球十大　國際佈局

通路與人才，是富強鑫深耕國際佈局的兩大方針。在通路方面，將於短期內於菲律賓、巴西、印尼及印度設立直營的服務據點，支持當地代理商進一步開拓市場。另外，經過多年整備，王伯壎已於2011年底與創立於1946年的日商丸嘉機械（MARUKA Machinery）社長竹下敏章(Toshiaki Takeshita)簽署北美總代理盟約，宣示聯手拓展北美市場。

在延攬國際人才方面，富強鑫已透過成大 IMBA 招募到菲律賓

與尼加拉瓜籍的人才，未來將持續培植國際人才回到自己的國家，成為富強鑫拓展國際市場的大將。

王俊賢說，他的父親王伯壎這一輩的創業家，幾乎都是一個模子刻出來的。他們節儉、事必躬親、終年全勤不放假。握有資金時，第一個想的是購買生財器具、投資設備，而不是華麗的辦公環境或廠房。

創業四十年，富強鑫集團營運總部「創鑫大樓」在 2013 年 10 月啟用，堅固的鋼筋水泥取代了過去克勤克儉的小屋，這棟營運總部大樓是富強鑫集團兩岸三座工廠、全球 40 家代理商，以及 70 多個行銷服務據點的運籌中心，也是富強鑫集團邁向「全球十大、業績倍增」新目標的基地。

（註 1）1987 年獲得青創總會第十屆「創業楷模」獎。1996 年獲得「全國優良商人」榮譽。

（註 2）蔬菜水果的鉀鈉比常是二百，肉類只有五或三，烹調往往會加很多鹽，這一來，鈉就過量了。

（註 3）2004 年合作開發「精密射出成型遠端監控系統」；2008 年 4 月與高雄第一科大成立「富強鑫集團 PIM 實驗室」；2008 年到 2010 年間合作開發「APACK 模內貼標生產系統」，榮獲 2010 年「塑膠射出成型機研發創新佳作獎」及「2011 機械業產學貢獻獎」。

你認為你將來是什麼樣的人，你就會是什麼樣的人

——富強鑫集團創辦人　王伯壎

公職到產業 人生路更寬

吳俊福

　　吳俊福是新竹縣新豐鄉池府王爺廟附近的農家子弟，從小養成吃苦、熱心服務的習慣。十九歲考上公職後展開忙碌、踏實的服務人生。逾三十一年公職生涯退休後，他把服務熱忱投入產業，展開更輝煌的新頁。

膨風茶 vs. 東方美人茶

到新竹作客，你常有機會被招待一杯色澤金麗的好茶，這茶具有特殊口感的果蜜香風味，產量有限，十分嬌貴。同一款茶，北埔鄉民曾堅持，她應該延續讓人一聽難忘的名字，「膨風茶」。不過，峨眉鄉的鄉民有不同的看法。他們認為應該使用「東方美人茶」為名。

吳俊福熱心服務的形象深植人心，其中一例便是他擔任新竹縣政府主任秘書時，負責協調鄉親各有堅持的「膨風茶」與「東方美人茶」的命名。

北埔鄉 vs. 峨眉鄉

「膨風茶」是有歷史典故的。相傳早年有一名茶農因為茶園受蟲害，捨不得血本無歸的他，仍採茶、做茶並挑著到城裡販售。沒想到這種風味不同過往的茶，竟然被洋行全數收購，而且還賣了個好價錢。回鄉來的這個茶農十分開心，並大肆喧嚷自己種的茶有多麼受歡迎，不敢置信的鄉親笑他是在「膨風」（吹牛）。從此，這茶就得了「膨風茶」這個傳神的名字。

後來，有人把「膨風茶」進貢到英國。英國女王看著沖泡後兩葉一心的茶葉優游的姿態，像極了美人曼妙起舞，就稱這茶為「東方美人」。

新竹縣北埔鄉的鄉民，主張應該延續歷史，把饒富趣味的「膨風茶」名稱延續下去。但是，峨眉鄉的鄉民認為，「東方美人茶」更為高尚典雅。

　　吳俊福強調，無論是哪一個名稱，其實都是生長在新竹縣北埔及峨眉湖畔，由於地理環境好，孕育生產出來沒有污染、色美味香的好茶，幾經協調後，終於確立這款琥珀色好茶名為－「東方美人茶（膨風茶）」。

　　如今，新竹縣政府每年盛大舉辦「東方美人茶（膨風茶）」優良茶比賽，輔導機關包括行政院農業委員會、行政院農業委員會農糧署、行政院農業委員會茶業改良場，以及新竹縣農會。透過這項比賽的評選分級，消費者在選購時有所保障，也能因而保障茶農收益。

少年吳俊福

　　新竹縣新豐鄉位於新竹縣最北端，東連湖口鄉、西面台灣海峽、南接竹北市，北與桃園縣新屋鄉隔著一條大深坑溪。新豐鄉池府王爺廟附近，紅樹林海邊，這裡便是吳俊福從小長大的故鄉。

　　吳俊福小時候是個欠缺自信、甚至有點自閉的孩子，因為大家庭裡，住著四、五十個人，他老是覺得自己並不受重視。爺爺、奶奶、爸爸、媽媽、叔叔伯伯與堂兄弟姊妹，加上吳俊福的兄弟姊妹，全都住在一起。

吳俊福的母親要侍奉公婆，除了自己的九個孩子，還要照顧年幼的小叔、甚至小叔的孩子。每天為家事、農事忙得團團轉。

新竹有名的九降風，是曬米粉的秘密武器。吳俊福每天清晨四、五點就要起來，跟著大人一起扛米粉到戶外晾乾。加上家裡開榨油工廠，所以扛完米粉後，他接著還要做花生油，之後才能去上學。傍晚放學回家，吳俊福還要放牛，伺候牛公公、牛婆婆。

排行老五的吳俊福，回想小時候沒有時間讀書，每天都覺得睡不飽。唯一最喜悅的時刻是看到廚房裊裊炊煙，這表示可以稍歇吃點心了。農家一天五餐飯，母親的操勞，吳俊福記得很清楚。

苦又樂的童年

吳俊福跟弟弟還有一項重要的工作，那就是要負責趕走秧苗田裡的小鳥。如果看見有鳥兒飛來吃秧苗或穀子，就要趕快點燃鞭炮，嚇跑他們！有時候大人會故意騙他，喊說：「阿福，阿福，小鳥來吃了！」，害他急急忙忙點鞭炮，結果當然是白忙了一場，讓大人看笑話窮開心！

在故鄉老家附近的土地公廟牆壁上，有一幅生動的石板畫，這是吳俊福特別找好友劉木林刻畫的童年印記。吳俊福說，以前土地公廟沒有現在那麼大，是大家玩捉迷藏的地方。沒有馬達的年代，養牛得要到小溪汲水。沒有冰箱，就把西瓜浸在池塘裡，牛也順便泡在溪水裡乘涼。兒時趣事歷歷，苦中有樂，讓人印象深刻。

吳俊福家中這幅畫以石板雋刻在老家附近的土地公廟外牆，內容由吳俊福與哥哥吳俊岸口述，生動描述他們的童年。

想當船員　環遊世界

　　1953 年次的吳俊福，第一本課外讀物看的是王尚義的「野鴿子的黃昏」，看得心裡灰憂憂地，總是在想「做人怎麼那麼苦」。心中暗自埋怨生長環境不好的吳俊福，考上了基隆海事學校，讀了第一志願輪機科。吳俊福說，那時候思想很單純，想說這樣就可以去跑船，離家離得遠遠地。

　　談到跑船的夢想，吳俊福基隆海事輪機科畢業後，接著通過了公職人員的雇員甄試，從此展開公職生涯，並沒有成為環遊世界的

「行船人」。而從小養成吃苦習慣的吳俊福，也慢慢展開了不一樣
的人生。

逾三十一年公職之路

　　十九歲擔任新竹縣議會雇員，吳俊福曾是全國最年輕的公務人
員。他的公務生涯從基層做起，歷任辦事員、科員、專員、股長、
秘書，到主任秘書。

　　公職逾三十一年，吳俊福總是熱情地投入工作。他曾是新竹縣
政府那位天天為勞資糾紛奔走協調的勞工行政股股長、也是九二一
大地震之後，那位不眠不休、協助國際媒體報導竹科高效率復工的
公共關係科科長，更是以產業人文與美麗元素打造城市品牌的新竹
縣政府主任秘書。吳俊福的公職日記，可說是一本台灣科技矽谷與
周邊都會共同成長的故事。

自我探索　力爭上游

　　「環境對人的影響真的很大」，吳俊福說他任職新竹審計室時，
身邊的同事都是高考合格的年輕大學畢業生，在那種環境之下，他
自然而然地受到薰陶與刺激，進而興起繼續攻讀大學的念頭，並順
利考上淡江大學公共行政系。

　　有一年，政府舉行公務人員任用資格考，限大專畢業生應考，

吳俊福彈奏的曼陀林，是他最尊敬的企業家，奇美創辦人許文龍贈送的。

所有的公務人員約有三千多人參加考試，只錄取三百個。筆試通過後，第二關還要經過身家調查篩選，最後只錄取一百名，吳俊福很幸運地名列金榜。隨後，吳俊福繼續努力取得相當高考資格，從此具備了主管的資格。

處理勞資糾紛、自掏腰包

台灣於 1984 年頒布勞動基本法，接著 1987 年解嚴，民意高漲。當時擔任新竹縣勞工股股長的吳俊福，幾乎天天都要處理勞資糾紛，一本幾乎翻爛的「勞動基準法」說明了他工作忙碌的程度。

1990 年吳俊福轉任新竹科學園區管理局，十一年多的時間裡，擔任過勞資組專員、儲運中心主任、工商科科長，以及公共關係科科長等職。

任職勞資組期間，有一回吳俊福負責協調一宗公司積欠薪水的勞資事件。泣訴的員工中有人懷有身孕，讓吳俊福看得很不忍心。他協調該公司分三階段支付員工薪水。

一心想協助解決問題的吳俊福，當時月薪不過三萬多元，他竟拿出自己的私房錢三十幾萬元，加上跟自己姐妹調度的金額，加起來大約上百萬，來幫助對方，沒想到，負責人最後還是失信了。

問他為什麼要這樣做，吳俊福說，「我覺得那是我的責任，是一種使命感的驅使。我希望整個園區可以平平靜靜、安安定定地，為高科技廠商維護好一個安全、安定的成長環境。」

一大筆錢就這樣泡湯了，吳俊福這種公務人員讓很多人開了眼界。問他心疼嗎？他說，最感謝的是深明大義的太太對他的支持。至於錢，就當作是做了善事吧！

九二一地震　危機處理

　　吳俊福擔任新竹科學園區管理局公共關係科科長時，肩負聯絡國會與服務媒體的責任。1999年台灣發生九二一大地震，震驚全球。身為高科技產業命脈的新竹科學園區，如何以最快的速度恢復供電、完成儀器設備校正讓生產線重新啟動、並且透過國際媒體，向全球客戶發聲，真是一次重大的危機處理。

　　吳俊福說，幸好當時竹科管理局的局長王弓，領導有方。竹科不但在地震後第五天就恢復供電，而且獲得許多經歷阪神地震復工的日本技師協助，加上許多設備與材料供應商不眠不休的努力，終於讓竹科以最快的速度，恢復正常生產。（註1）

　　由於竹科生產的產品與全世界的經濟有著高度連動性，地震後，包括美國CNN、英國BBC、日本NHK等超過20家以上的國際媒體很快就紛紛到竹科採訪。

　　一方面，吳俊福以最高的服務熱忱，

2002年，吳俊福轉任新竹縣政府主任秘書，竹科管理局全體同仁贈送「功在園區」木匾誌念。

誠實面對媒體。另一方面，他也積極協助媒體，追蹤報導竹科復工的效率。忙完奔波的行程，彙整一天最新的復工狀況後，吳俊福持續發送國際新聞稿，讓全世界知道竹科受傷、療傷、復工的最新狀況。

吳俊福說，事後他得知竹科廠商被客戶把訂單轉走的案例不多，心中大石頭才終於放下。

池府王爺　淵源深

新豐鄉的池府王爺，和吳俊福家有很深的淵源。日據時代，吳俊福的父親擔任保正，職務正如現今的村長。當時日本準備對台灣進行皇民化，其中一項工作是要把所有廟宇裡的佛像焚毀。吳俊福的祖父及父親得知這個消息，趕緊把池府王爺公的本尊藏起來。

鋒頭過後，吳俊福的父親悄悄地將池府王爺公的本尊請回家中，鑿壁供奉。為了隱密，還刻意裝上布簾。吳俊福的母親，早晚都虔誠地供奉王爺。

服務人群　做人留名

吳俊福的父親吳立貴，熱心服務鄉梓，潛移默化影響了吳俊福。吳立貴二十幾歲就當了保正（村長）。保正做了十年左右，接著三十幾歲的吳立貴連任四屆縣議員。

吳立貴急公好義，人稱「貴叔仔」。他一言九鼎、極受村民敬重。吳立貴五十九歲壯年過世，全村的村民幾乎全體出動，以盛大路祭來悼念他。

　　想起父親，吳俊福說他記得最深刻的一句話是「做人留名、做虎留皮」！吳立貴生前為地方做了很多事，小到排解紛爭，大到開墾荒地、創造村民就業機會等，極受村民的愛戴和敬重。吳俊福記得，小時候家裡常常三更半夜有人敲門求助，父親無論再累再睏，總是盡力幫忙。

　　鄉下地方人情味濃，遇上選舉時，村民贊助的香菸裝滿一布袋又一布袋、有人挑來整擔的菜，甚至趕來十多頭活豬捐助。吳俊福笑說，活豬先是養在豬圈，選舉時大家都忙，忙到忘了餵豬，結果餓極了的豬就演出大逃亡，逼得全村總動員，一起同心協力趕豬、捉豬。那團結熱鬧的畫面，深烙吳俊福腦海。

　　吳俊福說，父親對孩子們很嚴格。有一回村里池府王爺作壽，演平安戲，家裡熱鬧請客，孩子們也紛紛跑到廟裡去看戲。吳俊福和弟弟一時貪著看戲，回家才發現田裡滿是鴨子與鳥在啄食。哇！這下可不得了，盛怒的父親竟隨手拿起鐵線，痛打兩個小兄弟。

慈母寬容　一世福報

　　吳俊福的母親是位偉大的女性，曾獲全國模範母親。她時常對

吳俊福說，「有量就有福」！吳俊福說，母親靠她一個人的奶水，哺育了吳家三代人。

吳俊福的祖母四十幾歲就過世了，留下吳俊福四位叔叔，最大的還不到十歲。吳俊福兄弟姊妹九人、加上一位叔叔早逝留下來的稚齡堂哥，家裡總共十四個孩子，都由母親一人哺乳帶大。甚至，母親還擠自己的奶水，奉養吳俊福高齡八十多歲的年邁曾祖父。

「我母親常說，她可以活到九十幾歲，沒有什麼病痛，都是我阿嬤（祖母）在保佑她」，吳俊福說，他最敬佩母親照顧大家庭的寬容與肚量。父母的影響，以及成長環境的琢磨，讓吳俊福養成了服務的熱忱，以及做事的耐性與韌性。

當憲兵　建立自信

新竹縣議會雇員任職一年後，二十歲的吳俊福申請留職停薪，開始服兵役。在一年十個月的兵役期間，吳俊福擔任過軍中憲兵、地區憲兵、特勤憲兵及外島憲兵，也曾駐守前總統蔣經國先生的官邸。

憲兵的培訓與磨練，賦予吳俊福責任心與榮譽感，吳俊福牢記憲兵的四大信條：「和平、勇敢、廉潔、慧敏」，鍛鍊他獨當一面，也讓他建立起了自信。

擔任憲兵期間，除了外出執勤，吳俊福也負責畫壁報、文書處

理及刻鋼板等行政工作。服役期間難得的假期，很多人都趕著去約會，但吳俊福卻常跑台灣省立博物館看書。在台北大橋上站哨時，吳俊福著軍服身姿英挺，曾多次收到車掌小姐塞紙條，邀約他一起看電影。

記人優點的憲兵

很多人服役期間，要是遇上憲兵，總覺得特別警戒，深怕一個小細節沒做好就會被記過。這個大多數人的既定印象，卻不是適用於吳俊福。擔任憲兵期間的吳俊福，竟然是個會給阿兵哥記優

吳俊福帥氣的憲兵照

點的人。他總是以輔導、規勸，來代替懲罰與記過。

有一回吳俊福在金門巡邏，看見一個阿兵哥，一看就知道是從台灣訓練中心剛出來的菜鳥。他觀察這名阿兵哥把銅環、皮鞋都擦得很亮，鬍子刮的很標準，帽子也戴得很正，走起路來精神抖擻，就招手把他叫過來。緊張到微微發抖的阿兵哥，走到吳俊福面前，沒想到被記了個優點。喜出望外的阿兵哥，迅速舉起手來，向吳俊福敬禮。

尚未退伍　父親驟逝

當兵期間最大的遺憾，是父親的驟然去世。吳俊福說父親擔任議員多年，應酬太多喝酒過勞，還來不及看到吳俊福退伍，就過世了。吳俊福深刻體認到，子欲養而親不待的痛苦。

志趣相投　攜手人生

看著一張全家福的照片，吳俊福聊到太太周寶娟，直說老天爺賜給了他一個好太太！周寶娟與吳俊福相識於新竹縣議會任職期間，二人都喜歡音樂、旅遊，對歌唱有著濃厚興趣，可說是感性、真性情的一對，婚後育有一對兒女。

擁有許多共同點的兩人，都相信「一命、二運、三風水、四積陰德、五讀書」。從投入公職開始，周寶娟就鼓勵吳俊福要好好讀書、力爭上游。從大學、研究所到高考，所有的應考資訊，都是由她蒐集並鼓勵吳俊福應考的。周寶娟無怨無悔的支持，可說是吳俊福持續進步的最大動力。吳俊福強調，太太的音樂造詣與素養比他好，而且擁有很強的進取心。周寶娟曾任新竹薔薇合唱團團長，公職退休前兩年，還拿到行政管理學碩士學位。退休後的周寶娟時常進修音樂及鋼琴，有段時間還熱衷於鑽研易經。

女兒已經出閣，兒子還在唸書，吳俊福反省自己教育子女的過程中，有時比較嚴厲，還好有太太扮白臉。吳俊福說，他鼓勵孩子

吳俊福全家福

們要有一技之長，並發揮所長貢獻社會。

菜根香　詩書滋味長

　　吳俊福夫妻有著共同的體認，他們認為「布衣暖、菜根香，詩書滋味長」，只要多讀書，明天總是有很多新的可能。為了支持先

生深造，周寶娟吃過的苦，讓吳俊福銘記在心。

　　吳俊福就讀淡江大學時，家裡經濟狀況不好，堅持守護家庭的周寶娟為了補貼家用，曾早起送報，並兼差當報紙收費員，有一回還被狗咬傷，讓吳俊福心疼不已、耿耿於懷。

　　淡江大學畢業後，吳俊福配合政府的南向政策，到菲律賓安格列斯大學取得公共行政學碩士，接著又攻讀中華科技管理研究所科技管理碩士學位。

美國仲裁協會深造

　　以同理心、設身處地為別人考量，吳俊福的溝通協調能力總是能讓很多棘手的事情得以圓滿解決。為了應付各式各樣的協調難題，吳俊福曾到美國仲裁協會（AAA）、美國聯邦調解幹旋署（FMCF）研習，學習勞資仲裁及商務仲裁的課題，並體認勞資自治的原則與理念。

　　所謂勞資自治，最主要的精神是強調勞資雙方要訂定團體協約，而政府所扮演的，則是一種中立、第三者的角色。至於仲裁者，則是由受到勞資雙方肯定的民間仲裁機構擔任。

　　反觀台灣，吳俊福語重心長地說，「台灣太容易加入政治因素。一有勞資糾紛，政府馬上就介入，這樣的外力、政治力的介入，讓政府該扮演第三者的角色受到質疑，是很不好的。」

吳俊福到美國美國仲裁協會（AAA）受訓

　　要用高度，而不只是以角度來看企業與產業，這就是吳俊福的學習心得。他總是提醒自己不要太主觀，要用客觀的價值做判斷。他認為，所謂的協調正義，關鍵在於協調者要保持冷靜理智，而「理智的聲音來自無止盡的學習」。

創意、目標、活力

　　2002 年，新竹縣長鄭永金力邀吳俊福重回新竹縣政府，擔任主

任秘書。吳俊福特別成立一個創意小組，成員來自各個局室，每月召開會議。

　　這個創意小組鼓勵同仁，凡是認為他們的創意能夠對組織有幫助、能有助於組織活化的，就儘管提出來。虛懷若谷、海納百川，吳俊福以此自我期許。對同仁來說，他是個沒有架子的長官。而讓他最感欣慰的是，看見團隊中產生創意激盪的效應。

　　吳俊福說自己最欣賞的管理者是，處理事情要有章、有法，做事霹靂手段、要果斷一點。至於做人，則一定要有菩薩心腸，並且不斷給同仁願景，讓有熱情的文官有奉獻的方向與目標。

多元浪漫　台灣普羅旺斯

　　吳俊福的感性，在他擔任新竹縣政府幕僚長期間，有很好的發揮。他率領團隊，積極地找出新竹地區的真、善、美。他的服務熱忱，總是能夠輕易地感染身旁的人。

　　吳俊福積極推動「台灣普羅旺斯」，鼓勵新竹縣的農田在休耕期間，種些大波斯菊或其他花草，讓環境更浪漫、更有生命力。那段期間，竹北有「花田喜市」，橫山及新埔也都推行得不錯。

　　他也常能想出讓大家朗朗上口的短句，鼓舞一起工作的團隊士氣，對外也有很好的宣傳效果。「用眼睛看花海、用耳朵聽花開的聲音」，就是他的名句。

吳俊福擔任新竹縣政府主任秘書期間，正是竹北進入新都市計畫的重要階段。如今看著竹北的夜間天際線，他總是慶幸自己在公職生涯中，曾參與了這精采的一段。

聯合報大篇幅報導竹北的「花田喜市」

找出唯一　打造城市品牌

　　2005、2006 年間，新竹縣長的民意調查高居全國第一名，整個新竹縣展現著欣欣向榮的吸引力，吳俊福就是幕後的重要推手。吳俊福認為，打造城市品牌，「不一定要什麼事都爭第一，重點是要了解自己，甚麼是別人沒有、而我們有的，這就是自己的獨特價值」。

　　「三毛的故居」與「張學良的故居」（註 2），就是吳俊福當初極力推動的。他認為，張學良在五峰鄉清泉部落住了十三年，那是由光陰與歷史所構築的故事，能夠訴說一位人物與一座城市的歷史，

是獨一無二的好景點。

　　此外，吳俊福說，全台灣義民廟的根源都是新埔義民廟，他認為，客家元素也是新竹縣可以彰顯的獨特價值。

方圓並濟　心靈的仰望

　　中國國民黨榮譽主席吳伯雄，以及八方新氣創辦人王俠軍，是吳俊福的忘年之交。吳俊福極力推崇二人，並說他們總是能夠帶給他啟發、力量與影響。（註3）

　　吳俊福尊崇吳伯雄的處世原則，說他有方則正、有圓則通，方圓並濟，在兩岸折衝，在國內政治環境所扮演的角色，處處都體現中國人的方圓智慧與哲學！

與敬愛的「伯公」，吳伯雄合照

吳俊福更欣賞吳伯雄在協調時的幽默急智，視他為終生的學習對象。

探索創新　美的力量

　　「官窯的浪漫，美學的實現」，2003年創立瓷器工作室「八方

新氣」的王俠軍，以這十個字形容他對重振偉大民族瓷器工藝昔日榮景的自我期許。

「八方新氣」之前，王俠軍於 1988 年創立玻璃工作室「琉璃工房」、1993 年於北京故宮博物院展覽，七件作品獲得永久收藏。接著在 1994 年創立玻璃工作室「琉園」，2002 年琉園以 tittot 品牌，入選德國法蘭克福展永久館。2003 年「琉園」掛牌上市，成為兩岸第一家上櫃的文化創意產業。

吳俊福與王俠軍同年

吳俊福說，他與王俠軍同年，最敬佩王俠軍總是保有一股永續的創意，以及挑戰極限的探索精神。在吳俊福心中，王俠軍代表的就是美的力量。他呈現與詮釋作品的方式，常帶給吳俊福強大的感動。

尊稱吳伯雄「伯公」，吳俊福說，伯公方圓並濟、圓融處事、廣結善緣、幽默急智，王俠軍的創意和挑戰極限的探索精神，二人在他心目中是最美的力量，也是心靈的仰望！

2010 年 5 月台灣樫山（KASHIYAMA）中科廠啟用

公職退休　投入產業

從公職退休後，2007 年，吳俊福踏入產業界，擔任台灣樫山的副董事長。

台灣樫山（KASHIYAMA）除了以無油、高精密真空幫浦品質受到市場肯定外，吳俊福表示，能夠在重要時刻提供超乎客戶預期的服務，更是取得客戶信賴的關鍵。他強調，未來 KASHIYAMA 將繼續投入研發，將最優質的真空幫浦（dry pump）發揚光大，提供給半導體、太陽光電及面板產業。

此外，KASHIYAMA 也積極投入綠能設計，期待藉此為節能與環保善盡責任。吳俊福說，小而輕量化的 neo pump，具有節能、省空間、低價格等多項優勢，競爭力將遠遠超越傳統的大型幫浦。

廣結善緣　路更寬

任職新竹科學園區十一年三個月、新竹縣政府五年二個月，廣結善緣的吳俊福在公職退休後，順利轉到企業界服務，讓很多人稱

羨。吳俊福說，廣結善緣沒有訣竅，可以幫別人時就盡心協助，以後有機會別人也會幫忙你，路就會越走越寬。

此外，具服務熱忱且善於溝通協調的吳俊福，也被台灣科學工業園區同業公會推選為監事及理事。他說園區廠商同業公會，是一個跨各大事業單位的組織，不但可以發揮集體力量去做敦親睦鄰並汲取眾人意見，必要的時候，還能夠以公會的力量，影響政府的決策。他認為身為產業的每一份子，都應該積極支持公會的各項活動。

推廣台灣文創　新使命

越南福興開發公司黎高興總經理，以及翰陽文創陳春翰董事長，是吳俊福在事業上十分相得的好友。他們除了海外投資，也計畫結合展覽活動，散播台灣文創與科技的種子。

吳俊福如今結合志同道合園區人成立台東經貿協會致力外交，另也獲科技界、新竹縣長邱鏡淳、新竹縣議長陳見賢等推薦，獲聘行政院政務顧問。

世道歸仁、人心向善

池府王爺廟的大門前，「世道歸仁、風調雨順、人心向善、國泰民安」的對聯，是吳俊福對鄉梓與國家最大的祈願。他說，大家能夠沒有猜忌，人心向善就能國泰民安。而人跟人都能互相幫忙的

話，就能水漲船高，越來越好。

父親與兄長擔任民意代表多年，服務鄉里的熱忱，早已寫入吳俊福的基因。公職退休後，不少人勸說吳俊福從政，但都被他婉拒。堅決不從政的吳俊福，選擇以自己獨特的方式過他的服務人生。

他表示，他有時候會提供一點意見給新竹縣長、市長，作為他們決策的參考。他認為這樣貢獻自己一點殘餘價值，也是服務！

「閒時看雲，靜看山」。這是吳俊福現在最大的人生享受。他常回到新豐老家，拿起鋤頭種菜、照顧果樹，流個滿身大汗，沖個澡後曬曬太陽，享受難得的幸福！

（註1）吳俊福記得，幫助廠商快速復工的廠商，包括漢民科技、應用材料、科林研發、崇越科技等廠商，大家齊心協力，締造了讓全球客戶豎起大拇指的復工效率。

（註2）1936年發動「西安事變」的少帥張學良，一生歷經55個年頭的軟禁生涯。1946年由重慶轉至台灣後，就居住在新竹縣五峰鄉直至1959年轉至高雄西子灣，共在這處當年日人稱「井上溫泉」，後改稱「清泉溫泉」的地方居住了13年。新竹縣政府先後投入了6,000萬元重新整修了張學良清泉故居，並選在2008年西安事變的同月同日開放參觀。（資料來源：交通部觀光局）

（註3）2008年5月20日吳伯雄以中國國民黨主席的身份率團前往大陸與中國共產黨中央總書記胡錦濤會談，兩人談到台灣民眾積極投入四川賑災，胡錦濤說，「天災無情人有情」，吳伯雄則回應，「誰都不能保證沒有天然災害，但可以透過人為的努力保證沒有戰爭」。
2011年5月，吳伯雄以中國國民黨榮譽主席身份，參加了海峽兩岸經貿文化論壇，簽署了十九項重要協定。接著，於2013年6月，吳伯雄又率團訪問北京，與中共中央總書記習近平會面。吳伯雄在這次會面上表示，兩岸人民同屬中華民族，都是炎黃子孫，國共兩黨要有共同振興中華民族的使命感，兩岸同胞有責任傳承和發揚中華文化，讓中華民族為世界做出有意義的貢獻。

年輕朋友應積極培養三種能力：

專業化、國際化、人際關係。

—— 台灣樫山（KASHIYAMA）副董事長

吳俊福

交大思源
基金會

　　一個基金會，在學校、校友與產業之間，搭建起價值平台。本文專訪交大思源基金會執行長周吉人、執行秘書黃淑滿、交大藝文中心主任洪惠冠，以及交大音樂所所長李子聲，體現交大的軟實力。

飲水思源　深耕軟實力

交大 2014

　　2014 年對國立交通大學而言，是深具意義的一年。50 年前，亦即 1964 年，原本只設有「電子研究所」的交大，開始招收第一屆大學部學生，並設立「電子物理學系」及「電子工程學系」。

　　宏碁集團創辦人施振榮、清華大學榮譽講座教授張石麟都是交大大學部第一屆的學生，他們畢業於 1968 年（民國 57 年），被稱為是 57 級學長。2014 年 2 月，數百名交大校友受邀，回母校參加交大電子工程與電子物理兩系五十週年慶祝活動。（註 1）

交大電子工程與電子物理兩系歡慶成立五十週年，左起電物系系友會會長林志明（電物 70）、電物系主任周武清、電子系主任陳紹基、電子系系友會會長羅達賢（電子 65、科管所博士 88），是負責邀請校友回母校同慶的幕後功臣。

此外，2014 年也是「財團法人交大思源基金會」創立 20 週年的里程碑。該基金會在 1994 年 7 月，由一群有心回饋母校，並希望促進國家產業持續創新的交大校友所捐獻，並獲經濟部核准成立。

啟動、接棒、執行

　　成就一件大事，不但要有「啟動者」的遠見、「接棒者」的智慧、勇氣與決心，還要有「執行者」的行動力。

　　交大思源基金會執行長周吉人尊稱該基金會的眾位發起人為「啟動者」。這些發起人包括殷之浩、施振榮、胡定華等十位交大資深學長，除了捐贈新台幣三千萬元成立基金會，他們也一致認為，要幫助產業、幫助學校，一定要有長期而務實的作為。（註 2）

飲水思源　無私愛校

　　交大思源基金會歷任董事長與董監事，都與交大有著深厚的感情。他們無私愛校，不但是交大校訓「飲水思源」的實踐家，也是交大貢獻社會國家的幕後推手。

　　吳廣義，是交大電子 67 級的校友，2012 年七月，他被推選為交大思源基金會董事長後，未上任就先主動拜訪交大校長吳妍華，希望了解學校的現況與最迫切的需求。得到的結論是，交大思源基金會將致力於協助母校的學術成果產業化，創造產業效益。

交大思源基金會董事長吳廣義，是交大電子 67 級校友。

周吉人表示，大學教授的三大任務，研究、教學及行政服務，已經佔去教授們所有時間。因此，對於如何將學術成果產業化，的確需要更多專業的協助，而這正是交大思源基金會可以著力的地方。

永續經營　長期紮根

　　針對基金會未來成長的願景，吳廣義說，除了號召捐款、協助學校所需之外，他認為，「基金會最應該、也最值得做的，是長期紮根的事情」。吳廣義也希望，透過社會企業的運作模式，讓基金會得以永續經營。

　　「協助母校的學術成果產業化」，將學術能量，推廣給企業所用，進而創造商業價值。吳廣義說，如此不但能讓企業更具競爭力，同時該企業的獲利，也可以部分回饋給基金會、學校及教授。他認為，「透過機制的建立，可讓教授們的研究與智慧結晶，得以擁有永續經營的條件與環境」。

此外，自 2014 年起，為高中生舉辦「思源科學創意大賽 Plus 」，也是長期紮根的另一項重要工程。吳廣義說，我們希望在高中時代，就引發年輕學子學習科學的興趣，我們也希望藉以吸引這些高中生，進入交通大學這個科技人才的搖籃。

社會價值的銜接者

　　與聯電榮譽副董事長宣明智、漢微科董事長許金榮，以及矽品精密工業董事長林文伯同屆，交大電子 62 級畢業的周吉人，受到前任執行長羅達賢的力邀，於 2005 年接棒，擔任交大思源基金會的執行長。

　　周吉人指出，如今社會變化越來越多元，對學校的期望也越來越高。除了教學、研究、也希望學校能創造更高產業效益與社會價值。

　　對於產業與學術等環節的支持，思源基金會除了主動出擊，也接受個案。只要在審慎評估後，理解到的確具有價值，則無論是人力、財力、物力，基金會隨即就會啟動關鍵性的推行計畫。

　　細數近三年，交大思源基金會支持的執行項目，無論質與量，都為交大與台灣社會支撐起一股優質能量，啟動正面的影響。

經營方向：永續、冒險、創新

　　為了長期協助交大對社會有更多貢獻與影響力，交大思源基金

2014是交大電子工程與電子物理兩系成立五十週年，數百名校友回校慶祝。前排左起，張石麟（57級）、吳重雨（前校長）、簡明仁（58級）、李進洋（58級）、黃顯雄（60級）、吳妍華（校長）、施振榮（57級）、張俊彥（前校長）、宣明智（62級）、林坤禧（60級）、周吉人（62級）、郭峻因（82級）。後排左起，周世傑（國際長）、周武清（電物系主任）、林志明（70級）、羅達賢（65級）、陳俊秀（74級）、林文伯（62級）、陳紹基（電子系主任）、黃威（前代理校長）。

會在成立之初就明訂經營方向：永續、冒險與創新。

　　周吉人說，他在與許多董監事們互動的過程中，深刻體會交大思源基金會被賦予冒險、創新的使命。這些董監事們包括企業家、創業家，或是大公司的專業經理人，他們在產業界歷練豐富，都具備勇於冒險創新的思維。他們鼓勵基金會「只要過程好好做，萬一

失敗都是有價值的，重點是要去嘗試」。

　　低調又熱心的周吉人也不忘提起「交大思源基金會」的另外一個夥伴「交大校友總會」。他說，交通大學是主體，而這二個由校友成立的法人，則扮演支持與協助的角色。他強調：「這三個法人目標一致，彼此合作無間，相信在辦學績效、產業貢獻度、社會影響力等各方面，都會產生非常驚人的效益。」

　　周吉人莞爾表示：「看到交大越來越被社會肯定，校友與有榮焉，如此良性循環，將可結集更多的力量幫助學校。」

投資　矽譜科技

　　交大思源基金會於 2008 年投資矽譜科技，（簡稱 SIPP，SoC Innovative Product Partnership），算是規模比較大的計畫之一。這項投資計畫的背景是交通大學執行科學園區管理局委託的「矽導竹科研發中心」計畫，目標是將國家歷年在 IC 設計累積的能量商業化，並衍生成立新創公司。因此交大思源基金會受邀參與投資。

　　除了思源基金會的參與，矽譜也邀請交大校友們個別或其企業參與投資。周吉人說：「以矽谷公司的創業典範來講，矽譜還沒有成功。只是新公司在創業初期風險相當高，單靠交大本身的行政體系是不容易完成的。」類似的國家型大型計畫，需要由一個代表公共財的法人組織來支撐，這也是思源基金會決定投入支持矽譜科技

的主因。

交大防災中心　自告奮勇

　　對於國土安全與防災計畫，思源基金會也積極支持。2010 年 4 月 25 日，國道三號（北二高）公路七堵路段，邊坡突然發生大規模崩塌，釀成國道通車三十年來最嚴重的意外。土石滑動崩塌不但將南北雙向共六線道的路面完全覆蓋，阻斷交通，甚至還造成嚴重的人員傷亡及財務損失。（註 3）

　　災難發生後第一時間，「交大防災與水環境研究中心」（以下簡稱：「交大防災中心」）潛心研究光纖監測技術的交大土木系教授黃安斌，接到時任交通部長毛治國的電話，趕往現場了解走山的災情。

　　這場意外，讓交大防災中心決定主動出擊，希望類似的悲劇不要再重演。他們自告奮勇提出計畫，點出國道公路還隱藏著其他路段的土石滑動及走山危機，主張應盡快在這些路段設置邊坡監測系統，以精確而不間斷的監控技術，確保國人生命財產的安全。

監控危險路段　分秒不中斷

　　交大防災中心累積 10 多年的技術能量，已經發展出一套穩定可靠的光纖監測系統，透過植入土壤深處的光纖模組，以及無線通訊的資料回報系統，就可掌握土石滑動的情形，萬一出現危險警戒值，

則可及早採取必要措施。

　　國道三號新竹縣寶山段（85km）的邊坡，因為有著好幾處類似七堵的順向坡，還有坡腳切除的問題，因此成了技術團隊眼中的高風險路段。

　　交大思源基金會支持交大防災中心提出的「國道三號新竹寶山段85Km附近邊坡監測示範計畫」，並向交通部國道高速公路局（簡稱：高公局）提出申請。此時恰逢高公局也計畫在此路段進行防護工程，於是兩項工程並行施作。交大防災中心執行的邊坡監測系統安裝，於2010年12月完工，從此高公局可以隨時監控土石位移的現象。（註4）

做對的事　出現商機

　　把對的事做對，影響力自然出現。交大防災中心完成國道三號新竹寶山段85Km附近邊坡監測示範計畫後，獲得許多矚目。包括交通部、水利署、中華電信、台北捷運及國科會等政府單位，隨後委任了多項重要計畫。

　　在中心主任楊錦釧教授主導下，交大防災中心更於2012年與全球水利軟體權威—荷蘭Deltares學院達成國際合作的共識，雙方同意將在技術交流、人員互訪、亞洲業務推廣等方面，進行長期合作。（註5）

　　Deltares 是一所獨立學院，專門研究土壤、河流、湖泊、地下水、海岸與海域、水資源及基礎設施的技術及應用，以保障人們生命財產的安全。其前身為 TU Delft 台夫特水利學院，為全球知名的水利工程學院，所發展的水利軟體，更是全球權威。Deltares 在全球各大洲的三角洲及低地城市，如越南、泰國、印尼、馬來西亞、澳洲、印度、美國、歐洲、中南美洲、非洲等超過 80 個國家進行著百項以上的重大工程。

　　此外，多家系統公司看好交大防災中心的技術應用可能衍生的商機，主動拜訪交大，洽談大陸及台灣的代理權。基金會因此也協助交大防災中心評估，將光纖監測技術移轉成立新創事業的可能性。

施振榮引薦　尹衍樑支持

　　施振榮與尹衍樑，很早就看到了交大防災中心能夠為社會安全帶來的價值。他們也給了該中心，最有力的支持。

　　周吉人說，施振榮身為交大學長，又是交大「鑽石計畫」的召集人，對母校出錢出力不說，還會動用人脈來幫助學校。有一天，施振榮邀請潤泰集團總裁尹衍樑到交大防災中心參觀。尹衍樑不但仔細參觀了實驗室，而且還提出多項具體意見，之後，更大方地給予研究經費的支持。

　　尹衍樑一開口就贊助防災中心三年，每年 200 萬元。他還說這

筆經費不限於特定題目的發展，也不必向他報告錢用到哪裡去了。他要支持的，就是交大防災中心的發展方向。

多年下來，交大防災中心累積了豐沛的技術能量，不但能夠實際應用於國土安全的維護，同時也受邀為中國大陸的黃河河堤進行檢測，實力獲得肯定。

藝術涵養　豐富精神生活

交大栽培的校友，為台灣的電子產業，締造了令全球驚嘆的成績。但偏重理工的後遺症，也讓許多人覺得美中不足。周吉人說了個小故事。他有位同學升任國際一流企業的高階主管，到國外參加主管聚會時，談工作、做簡報都難不倒他，但當大家開始談生活、聊興趣時，各種藝術與人文的話題，他卻都插不上話。這個窘迫的經驗，讓周吉人的同學

交大藝文空間的設立，邱再興（交大電子研究所 55 級）是第一功臣。他在產業與公益領域多所貢獻，2014 年獲頒交大名譽博士學位。

深以為憾，他表示，多麼希望自己能夠早點培養藝術與人文的涵養。

回顧 1964 年，邱再興進入交大電子研究所就讀，當時，施振榮也剛進交大，是大學部的新鮮人。學長學弟朝夕相處，感情深篤。之後邱再興由於為人作保，一夕之間人生與事業跌宕谷底，所幸他轉進東歐，並獲得東歐政府的信賴，重獲生機。

東歐人民生活雖然窮困，但卻有許多美術館及博物館，精神生活相當富足。邱再興踏入這些藝術殿堂，全然陶醉在經典的藝術作品中，經營事業與面對人生挫折的龐大壓力，因此獲得紓解。

1990 年，東山再起的邱再興發覺台灣社會汲汲營營努力賺錢，但精神文明與幸福感卻相當匱乏，於是創立「邱再興文教基金會」。深刻感受到藝術的力量與環境對教育的影響，邱再興主張交大校園內應該有一個讓學生近距離接觸藝術的空間。

交大藝文空間　環境影響力

邱再興擔任交大思源基金會董事長時，與交大前校長鄧啟福積極推動交大「藝文空間」的設立。「藝文空間」展場 180 坪，分兩個樓層，由專業設計師精心規劃出大片落地光牆，為風格獨具的畫廊。

「交大藝文中心」成立於 2000 年。而位於交大浩然圖書館地下一樓的「藝文空間」，以及位於學生活動中心的「演藝廳」，為

藝文中心兩處設備完善的展演場所。（註6）

推手　穩定支持的力量

　　2000年9月，歷任新竹市文化中心主任及新竹市文化局局長，公務歷練經驗豐富的洪惠冠，接受交大聘任，成為交大藝文中心主任。在此之前，交大藝文中心的兩大展演空間，藝文空間及演藝廳，

「白線的張力」是一次大格局的水墨作品展，兩岸三地傑出畫家齊聚交大藝文空間。交大藝文中心主任洪惠冠（左五），與畫家劉國松（左六）、大陸畫家白海（右五）及眾畫家合影。

分別由交大前應用藝術研究所所長張恬君教授（註7），及交大前
音樂所所長辛幸純教授負責。

　　洪惠冠說，交大思源基金會是藝文中心的最大推手。除了從無
到有催生了藝文空間外，更長年支持藝文中心。她接任藝文中心主
任之初，思源基金會即積極協助，使無後顧之憂。隨著藝文中心的
工作量大增，交大校友總會也加入協助，讓洪惠冠得以將熱情與精
力完全投入工作，並交出亮麗的成績單。

　　「很多人看到交大藝文中心的專業都覺得驚訝，但我要深深地
感謝思源基金會，從第一筆資源到現在已經十四年，基金會持續的
支持，給了我們穩定的力量」，洪惠冠說，穩定的支持才能讓藝文
空間可以提早三年策畫並邀請展覽者。她說：「很多事情因此可以
做得更周延，也才能夠邀請到最出色的人才！」

多元化的藝文涵養

　　洪惠冠認為，交大藝文中心是推動校園藝文的火車頭，主要任
務是播撒美育種子。她思考著，交大培育出來的學生應該具備有的
藝術及人文涵養，並訂出「傳統與當代兼顧，精緻與通俗並容」的
準則。

　　靠著長期累積的豐沛人脈，以及熱情的投入，洪惠冠帶領藝文
中心每學期推出精彩的「交大藝術季」，豐富的活動內容包括「表

演藝術」及「視覺藝術」兩大類。

表演藝術　近距離接觸

　　表演藝術方面，交大藝文中一方面支援教學，協助校內藝術教學及研究計畫。除了協助交大音樂研究所的學生期末與畢業公演外，也幫忙校內音樂性的社團，舉行成果發表會。

　　其二則透過審查機制，推出具有一定水準的自辦活動。具體成果展現在「交大藝術季」每學期 12~16 場活動，包括音樂會、戲劇

交大社團聯展，由攝影社的李威毅同學，在交大藝文空間負責導覽。

與舞蹈，除了在交大演藝廳、中正堂舉行外，也出現在校園公共空間，讓交大師生得以與表演者，有近距離的接觸。

視覺藝術 令人難忘

視覺藝術方面，洪惠冠希望將交大藝文空間打造成交大師生接觸視覺藝術的重要窗口。除了每學期舉辦 4~6 檔展覽活動外，每個月還邀請國內外優秀藝術家，提供作品展出，並舉辦講座，藉以提升交大師生的藝術鑑賞力。

包括高行健、劉國松、王攀元、蔣瑞坑等重量級藝術家，都曾受交大藝文中心之邀，於藝文空間展出。

丹頂鶴 飛進交大

2006 年 12 月，藝文中心與光寶科技及「林仲鋆文教基金會」合作，推出一場丹頂鶴的攝影展，這場珍貴無比的展出，讓參觀者彷彿看見丹頂鶴飛進交大。

攝影師吳紹同年屆八十高齡，曾獲兩座金馬獎最佳紀錄片獎。他在六十六時，在黑龍江偶然目睹丹頂鶴（仙鶴）的身影，隨即展開歷時十二年、橫跨五大洲十四個國家的逐鶴生涯，完整拍攝全世界僅有的十五種鶴的生態。

2012 年 5 月，攝影大師莊靈，在交大藝文空間舉行為期一個月

午後，一名交大學生與莊靈大師的作品，相遇。

的攝影展。一場原定一小時的導覽，加長為三小時，宛如一部濃縮的近代史，現場參加者無不大呼過癮，都說此生難忘。

國家文藝獎得主　現身交大

　　2002 年起，交大藝文中心推出「浩然講座」系列，邀請「國家文藝獎」得主到交大擔任主講人，與交大師生與社區人士分享藝術創作的心得與人生經驗。這些大師包括舞蹈家、畫家、設計家、作曲家、作家、詩人、表演藝術家、電影導演、建築師、攝影家，以

及說唱藝術家等。2007 年起，結合通識經典講座選修課程，更讓學生受惠。

此外，藝文中心也在通識教育增開「多元藝文賞析」課程，帶領大家「走進藝術家」。其中，「新竹玻璃工藝」主題，就安排學員認識竹塹玻璃藝術師，並實地參觀藝術家的工作室。

藝術教育　親切導聆

對於藝術教育，洪惠冠深具使命感。她希望，交大藝文中心所規劃的各種表演藝術活動，除了多元性，還要能在表演之外，帶領觀眾進一步認識內涵。她總是向藝術家情商，在節目開場前，或表演中間空檔，為觀眾進行 20 分鐘的講解。

藝文中心多年建立的導聆模式，讓許多非藝術專業科系的聽眾及觀眾，更容易走入藝術殿堂，也讓很多學生及聽眾透過帶領，不再害怕古典音樂。

除了演藝廳定期的節目徵選跟演出外，交大藝文中心近幾年也發展出「駐校藝術家」機制。早期曾找過「雲門 2」，在一學期內為學生傳授 18 堂課，帶領學生認識身體與舞蹈藝術；接著，2012年邀請「九天民俗技藝班」，到交大做八家將和擊鼓兩個工作坊；2013 年，則成功爭取到台灣聯合大學系統的支持，由清大、交大、中央跟陽明四所大學共同邀請「吳兆南相聲技藝團」，指導學生學習相聲。

交大各項展演活動都安排有大師導聆，期待觀眾進一步認識藝術之美。這是蘭庭崑劇團王志萍團長，應邀主講崑劇導聆講座。

　　這些課程到了學期末都會進行正式演出，並舉行成果發表會，引起了廣大的迴響。洪惠冠每回看著精采的演出，心中總是既高興又感動。

交大音樂學程

　　交大音樂學程計畫，係由交大音樂所前所長辛幸純教授提出，因為她發現交大有很多學生有不錯的音樂底子，只是在準備考大學

期間，因課業壓力而放棄，十分可惜。

這個音樂學程對全校開放，可說是培養學生音樂素養的另一項人文工程。無論學生來自哪一個系所，都可以選修。辛幸純相信，只要有一個音樂創作環境，交大校園臥虎藏龍，未來的成果展現，未可限量。

購買電鋼琴的經費，由交大思源基金會贊助。但找合適的場地放置樂器，卻努力了二年。等到學校教務長林進燈終於協調出空間，辛幸純的所長職務已經交棒。2012 年暑假，Piano Lab 的建設工程終於完成，並在 9 月開始正式上課。

學習成果公演

交大音樂所所長李子聲非常贊同辛幸純教授的理念，他提醒大家思考：「為什麼上了大學以後，體育課繼續上，卻不用再上美育課？」音樂和藝術一樣，都能夠帶給人美好的心靈饗宴。交大的音樂學程希望讓學生懂得欣賞、樂在其中，期末並安排在浩然圖書館的大廳公開表演。

李子聲留學時看到哈佛大學(Harvard University)及麻省理工學院(MIT)等世界一流大學，皆提供給學生多元的音樂教育。以培養理工人才著稱的 MIT，很早就推出音樂學程(Music Program)，歡迎全校學生參加，無論原來主修什麼，都可參加大型音樂表演、作曲及理

論、爵士樂、事業音樂、音樂史等一系列課程。

　　根據公開統計資料，大學四年當中，MIT 的半數學生都參加音樂學程，1500 名學生參加了各種音樂課程，另外有 500 名學生參加各種大型音樂會的演出。

創紀錄　交大首屆合唱比賽

　　交大音樂學程由鋼琴班 Piano Lab 於 2012 年 9 月開始招

擔任思源基金會執行秘書 10 年的黃淑滿（中）說，基金會是一個結集校友力量、幫學校找資源的重要平台，擁有很大的面向與彈性。左為思源基金會執行長周吉人，右為交大音樂所所長李子聲。

生，接下來，又陸續開了小提琴班及古琴班。本來想繼續籌辦合唱班，正苦於師資與人手不足之際，來自交大學長的熱心推動，卻峰迴路轉地讓交大成功舉辦了「第一屆青春盃合唱比賽」。

交大學長林行憲（電物 60）、宣明智（電工 62）、黃民奇（電物 63）、陳明（電物 63），
及黃國倫（管科 75）出錢出力，為交大學弟妹打造第一屆合唱比賽。

　　2013 年三月天，交大校園裡音符飄揚，歌聲處處。交大「第一
屆青春盃合唱比賽」，吸引全校 35 支隊伍報名比賽，此外還有校友
隊及台大 EMBA 合唱團參與演出。這場音樂比賽，讓已經沒有共同
課程的交大傳科四年級這一班，得以在畢業前夕，重新凝聚全班感
情，幾乎每一位同學都參加練唱，30 人共譜了可以懷念一輩子的樂
章。

珍貴回憶　豐富靈魂

　　林行憲與宣明智、黃民奇、黃國倫等交大學長出錢出力，促成了這場音樂盛事。林行憲更承諾 3 年捐出 300 萬元，鼓勵交大學生唱歌。他說，「我們希望學弟妹畢業多年後，能留下交大的美好回憶，心中能記得當年大家一起唱的歌」。

　　「第一屆青春盃合唱比賽」頒獎典禮之夜，被宣明智一通電話找回學校的黃國倫上台獻唱，他也感性分享了自己當年在交大的難忘歲月；曾任交大星聲社吉他手的黃民奇，則與兩位夥伴陳溪新與陳明上台，最後他們還選唱了”Precious Memories”送給學弟妹，祝福他們擁有珍貴的回憶，豐富每個人的靈魂。（註 8）

　　2014 年，「第二屆青春盃合唱比賽」終場時間，「野狗合唱團」以更盛大的陣容上台，由林行憲擔任召集人、宣明智擔任團長，團員包括倪集熙、彭海華、林次平、林仕國、吳植祿、姜長安、揚世雄等。（註 9）

教授有心　善的循環

　　交大思源基金會每屆董監事名單中，都保留固定席次給教授們，目的是讓他們可以把理想性、或想推動的計畫，提出來討論。周吉人強調，教授們願意多花心思、多承擔，是很棒的事。這些愛心的力量，善意的循環，最大的受惠者，就是學生。

周吉人也再次讚嘆資深校友們的眼光，「如今看來，20 年前學長們創會時的先覺睿智，完全呼應現在大家強調創新，重視生活幸福感的潮流。身為校友、交大與產業間的平台，交大思源基金會持續支持的，是一個對的方向。」

（註 1）1958 年交大復校，先成立「電子研究所」。1964 年，開始招收大學部學生，設有「電子物理學系」及「電子工程學系」。

（註 2）交大思源基金會捐助發起人有殷之浩、施振榮、胡定華、焦佑鈞、簡明仁、葉宏清、陳榮祥、張國華、邱再興、曹興誠等十名。

（註 3）位於北二高 3.1km 處。

（註 4）交大思源基金會以新台幣 345 萬元，支持『國道三號新竹寶山段 85Km 附近邊坡監測示範計畫』。

（註 5）「交大防災與水環境研究中心」與荷蘭 Deltares 學院合作關係包括堤防安全、淹水模擬、風險分析等項目。此外，Deltares 學院也是經濟部水利署長期聘請的諮詢顧問。

（註 6）交通大學藝文中心成立於 1988 年，原名「應用藝術中心」，1992 年改名為「藝術與傳播中心」，2000 年再度更名為「交大藝文中心」。

（註 7）張恬君教授曾任交大應用藝術研究所所長，她受學生愛戴，並暱稱她是「應藝所媽媽」。2008 年 6 月，結束抗癌 16 年，安寧辭世。

（註 8）林行憲（電物 60 級），光寶集團榮譽副董事長；宣明智（電工 62 級），聯電集團副董事長；黃民奇（電物 63 級），漢民科技董事長；陳明（電物 63 級），漢民科技副總經理；黃國倫（管科 75 級），知名音樂創作人。

（註 9）倪集熙（電工 62 級），彭海華（電工 62 級），林次平（電物 63 級），林仕國（電信 63 級），吳植祿（電控 64 級），姜長安（電物 67 級）。

交大人飲水思源，在人才培育、產業貢獻度、社會影響力上，長期支持母校。

—— 交大思源基金會執行長　**周吉人**

走出內山 踏上台日交流平台

林宏明

　　創業有成的林宏明，熱心推動台日產業交流與合作，希望能為台灣產業的競爭力加分。他支持清大化學系舉辦的「居禮夫人高中化學營」、希望科學月刊繼續辦下去，給台灣的下一代，更多的機會與希望。

蘋果沒了

穿著木屐，奔跑在阿里山奮起湖鐵路邊，這裡是林宏明小時候的遊樂場。父親在林務局工作，負責監管木材放行下山。

五、六〇年代，蘋果珍貴而稀有。曾有客人帶著一籃紅津津的蘋果來拜訪父親，林宏明躲在一旁看得兩眼發直，一心想著大口咬下蘋果的滋味！

父親堅持不收蘋果，送客人到門口時他說，「該我做的，我一定會做」，但下半句話他並沒有說出口。客人一再表明，將蘋果留下來給小孩吃，但父親說「這麼小就吃蘋果，長大不知道要吃甚麼呀！」，堅定地拒絕了。

眼巴巴地看著客人走了，蘋果沒了。五歲的林宏明再也忍不住失落，嚎啕大哭起來。

橘子的滋味

林宏明哭得傷心，父親一問之下知道原因，只靜靜說了句「惦惦」（台語），然後要林宏明把眼淚擦乾，穿上木屐。

父親牽著林宏明的手走到奮起湖車站邊，姑姑擺的水果攤前，買了兩個橘子給他。橘子酸甜芬芳的滋味不但止住了林宏明的眼淚，更從此成了林宏明的最愛。如今經濟富裕，蘋果價格平民化，吃蘋果不再是有錢人的專利，但對於橘子，林宏明除了喜愛，更蘊含了對父親的思念。

當時年紀小，不懂父親為何要堅持退回客人的蘋果；隨著年歲增長，林宏明慢慢了解到父親做人處事的原則，以及面對利誘的剛正；並體會父親為他樹立的人格典範，「屬於自己份內的事，該做的一定要做，不該做的絕不做」。

林家十一遷

　　自六歲舉家由奮起湖搬遷至嘉義市區後，林宏明的童年，充滿了搬家的回憶。十三年間，他們搬了十一次家。房東要漲房租就搬，環境不好再搬！孟母搬家不過三遷，但林媽媽卻是十一遷！

　　林宏明要上小學時，父親從林務局嘉義林管處被調往台南玉井工作站。由於交通不便，負責會計工作的父親只能利用每月回嘉義林管處對帳、核銷時，順道回家。所以，全家人只能一個月短暫團圓一次。

六、七歲大的林宏明（左二），全家剛從奮起湖搬到嘉義市區。

　　父親不在，加上頻頻搬家，訓練出林家小孩高效率的打包能力。婚後林宏明與太太決定從台中搬到新竹，正當太太看著一屋子東西發愁，林宏明馬上打電話給兩位姐姐求助。短短一天，所有東西都打包完畢，連搬家公司都大為讚嘆，直呼比他們還專業！

父親的人格典範

　　長大後，林宏明終於體會到，父親當年堅持拒收蘋果的那一幕，其實正是為他做了一場人格的示範。父親不貪的性格，雖然讓一家人日子過得清苦，到處租房子，但後來當嘉義盜林案爆發、一百多人被捕的風暴捲至，父親的清廉卻保全了一家人的尊嚴。

　　小時候，林宏明常看見父母親為錢爭執，山上的木材能不能放行，許多心懷貪念的人，理直氣壯地遊走於法令的灰色地帶；但林宏明的父親卻堅持，對不屬於自己的錢財，分文不取。

　　不過父親也體諒家中食指浩繁，母親持家不易，為了多領百分之三十的薪資津貼，便自願請調到偏遠的高雄六龜，一個人在生活不便的山上工作十多年，過著簡樸的生活，甘之如飴。父親一直到老年，日子都過得坦蕩蕩，從沒有任何心理上的負擔與不安！

嚴母的遺言

　　由於父親經年在外工作，母親對林宏明這個家中唯一的男孩，管教十分嚴格。母親出身廈門望族，外祖父是擁有船隊的巨商。當

年因家族紛爭，所以外婆帶著二個女兒避到台灣。小時候林宏明總是不解母親的嚴厲，長大後才理解，母親思想格局大，頗有女中豪傑的氣勢，只可惜生錯了時代。

清大畢業典禮後兩天，林宏明的母親驟然去世。家裡窮到沒有安葬費的林宏明，迫不得已只好跑去向當時女朋友的父親開口借錢。女友家人因此發現林宏明家境竟如此困窘，導致這段戀情無疾而終。

父親參加林宏明清大畢業典禮。

林宏明有三個姐姐，兩個妹妹。母親臨終只留下一句話，「將來你們不管誰有錢，誰沒錢，有錢的人多幫忙沒錢的人，有能力的人多幫忙比較辛苦的人，兄弟姊妹的感情一定要照顧好」。對於今日擁有的一切，林宏明說，他最感恩的是姐姐們的付出，以及對他的栽培。

對的人　重逢

緣分真是奇妙。林宏明跟太太是清大化學系同窗，1978年畢業。

28歲，訂婚成家。

以前，他一直覺得這個女生缺少女人味，兩人並未來電。直到當完兵回學校擔任研究助理，林宏明眼前一亮，頓時發現此時回清大就讀研究所的她，比較像女生了。

原來，岳家從事畜牧業，太太每天早上必須四、五點起床，工作到七點後才到學校上課；下午四點放學，回家要繼續幫忙到晚上八、九點，才可以休息，因此鍛鍊了好體力。再度於校園重逢的兩人一起打球、一起吃飯、一起讀書，感情越來越好，二十八歲那年，林宏明決定成婚。

這真是林宏明人生的一個轉捩點。林宏明認為太太優點很多，最大的優點就是不管做任何事都全神貫注、非常專心。平常除了任教於新竹教育大學外，也輔導學生推廣兒童科學教育。雖然現已退休，但還兼課，也擔任志工，指導學校慈青社團，每周固定輔導香山地區單親家庭的小朋友課業。

留學受挫黯然返

　　父親公職屆齡退休時，林宏明心想，應該買間房子好好讓他有家的感覺，於是就借了 120 萬元，在台中買下一間房子。當時林宏明的太太在靜宜大學擔任講師，月薪二萬多元，女兒剛出生，家庭支出增加，但四分之三的薪水都用來繳房屋貸款及利息。雖然林宏明出國前給家裡留下十萬元，但一年半後，迫於經濟壓力，林宏明只好放下學業返台。

　　沒能取得學位光榮返鄉，半途而廢令林宏明相當沮喪。回台灣後他在台中補習班教書，兩年期間，都沒有跟老師或同學聯絡。

恩師點醒心路寬

　　當時在清華大學化學系管理倉庫的林先生，得知林宏明已回台灣，剛好林宏明的指導教授陳秋明發生車禍，他就故意誇大老師的傷勢，緊急通知林宏明趕緊上台大醫院去探望。

　　心想可能再也看不到老師，把林宏明給嚇壞了，他趕緊跳上夜車緊急趕上台北。結果到台大醫院一看，老師根本沒事！還反問他，「你，怎麼回來了？」，或許查覺林宏明有難言之隱，老師寓意深長地對他說，「人生不是只有讀書這一條路，只要你相信自己，一定可以找到自己的路」。

　　陳秋明老師的一番話，讓林宏明心境有了徹底的轉變。三十三

歲那年，林宏明進入工研院電子所 R 組，與許芳洲經理、謝錦銘組長等人共事，體會到自己能做更多的事情。在電子所的第三年，邢智田所長有意將研究計畫轉變成創業計劃，於是指派林宏明到政大企家班去進修。

企家班　遇貴人

　　林宏明與政大企家班第七屆同學一起上課。其中，人稱台灣艾科卡先生的林信義、志聖科技董事長梁茂生，及重興企業總經理徐賢德等人，特別對他照顧有加。尤其是林信義的一番話，更改變了林宏明。

　　話說當時企家班上課從下午持續到晚上，中間只有晚餐一個半小時的休息時間。起初林宏明總會在吃飯時離開，林信義注意到了，便問他原因。林宏明說，自己是選課進修，並沒有交班費，所以不好意思和大家一起用餐。

　　林信義回答說，一輩子有多少機會可以跟這麼多優秀的企業老闆一起吃飯、共同溝通、相互了解，變成好朋友。短暫一年裡你可能快速成長，如果因為客氣而放棄這麼好的機會，不覺得很可惜嗎？

　　林信義一番話猶如醍醐灌頂。林宏明告訴自己，自己未來也必定要學習這樣的胸襟，把機會再傳給年輕一代。

36 歲創業

　　三十六歲這年，林宏明在和同事賈芳凱計畫一起創業。這時，專做半導體設備的「永紹公司」董事長周惠霖，看好這二位工研院年輕人的技術能力，馬上表示支持與合作意願。

　　在周惠霖的資金支持下，1990 年創業團隊先在永紹公司

學長學弟一起創業，林宏明（左）和賈芳凱。

內發展，到了 1994 年，才正式成立「永眾科技」（EMAX TECH），不過，創業初期，還是做得很辛苦。

　　許多從電子所出來加入業界的老同事都告訴林宏明，如果無法取得全球前三大設備商的代理權，永眾幾乎沒有機會。因此，林宏明決定從半導體轉進到當時新興的 LCD 產業，並找到日本的「清和光學」（SEIWA OPTICAL）。此時正好清和光學也在找具有技術背景的代理商，雙方的合作，很快就有了好的開始。

第一筆大訂單

　　技術領先的 LCD 對位系統檢查設備，加上服務保證，讓永眾很快就取得「聯友光電」的訂單（註 1）。林宏明坦言，因為代理了領導廠牌清和光學的設備，公司從此轉虧為盈。

　　在林宏明心中，清和光學深具技術涵養的社長岡崎伊佐央(Isao Okazaki)（註 2），以及豐田正喜(Masaki Toyota)部長，是二位大貴人。林宏明記得，岡崎伊佐央剛開始拜訪聯友光電時，徒手就能畫出設備的構造圖，展信專業能力，因此讓客戶產生信賴感，是成功取得第一筆大訂單的關鍵。

　　而擔任清和光學國際業務部部長的豐田正喜對永眾除了支持，還有發自內心的關愛。有一天，他私下對林宏明說，萬一公司貨款付不出來，要提早讓他知道，他可以幫忙溝通暫緩，如果無法暫緩，他甚至願意先墊，以減輕永眾的財務壓力。怪不得林宏明直說，豐田先生是他的あにき，此生「可敬的大哥」。

洞察產業脈動

　　為了創業，林宏明賣掉台中的房子，放棄攻讀博士(PHD)學位，和夥伴籌募創業資金 500 萬元，5 年就用完了。接著他又把新竹的房子向銀行抵押借了 200 萬元，這才撐過關鍵的兩年。熬到第七年，永眾終於轉虧為盈。

夥伴與貴人：周惠霖董事長（左一）、清和光學岡崎伊佐央社長（左三）、豐田正喜部長（右三）、賈芳凱（右一）、林宏明（前）。

感謝周惠霖董事長挹注資金，放手讓年輕人拚搏，林宏明說永眾自 1990 年創業至今二十四年，從第七年開始獲利後，雖不敢說一路順暢，但至少在大環境高低起伏、不斷變化下，沒有再出現過虧損。即使在經濟環境最惡劣 2008 年金融風暴中，仍能維持獲利。

身為代理商，建立與客戶間的信賴關係，是很重要的第一步。選對產業、找對產品，對代理商而言，是最關鍵的事。林宏明說，代理商必須關注產業變化，包括新技術、新材料的演進，除了要適時滿足客戶需求，更要隨著產業變化尋找新的機會。

產業不斷進步，沒有任何一項產品可以暢銷一輩子。服務產業

多年的經驗告訴林宏明，唯有利基型的產品能夠在市場站穩腳步。永眾代理清和光學的設備，以及日本索尼化學的材料，都是技術上獨佔鰲頭的產品。

　　長年保持敏銳的產業洞察力，讓林宏明對於台日產業交流與合作的推動，既有宏觀的格局，也有微觀的必成之道。

幫助產業　成功技轉

　　創業有成的林宏明，對於促進台、日產業合作，十分熱心。其中一個成功案例是促成日本互應化學與欣興電子的跨國合作。

　　「互應化學工業」位於日本京都，雖是一家中型化工企業，但卻握有阻焊劑的重要專利。「欣興電子」有意引進此一電子材料進行技術合作，藉由林宏明居中協助，雙方於 2004 年開始合作。

　　除了將技術授權給欣興的子公司聯致外，互應化學還和聯致合資成立「聯致互應」公司，並於大陸深圳設廠。2006 年初開始生產後，很快成為大陸市場佔有率的榜首。經過八年，聯致互應公司接受市場上最大競爭對手的併購，為這樁台日合作案，劃下完美的句點。

台日產業交流

　　這個幫助產業成功技術移轉的案例，讓林宏明深刻體會，台日雙方企業還可以有更多的合作機會。他也發現，人生除了賺錢，還

慶祝日本互應化學與欣興電子集團跨國合作成功，左二林宏明、左三為聯致互應公司總經理莊碧陽、左四為欣興電子董事長曾子章。

可以追求更高的價值。「希望做的事有助於台灣後續發展，為下一代及未來產業，打造更高的價值與空間，創造出更多的機會」成了林宏明的人生目標。

2007 年，林宏明參加訪日團，團長是當時擔任科技交流委員會（簡稱「科交會」）主任委員的蕭萬長（註 3），他表示，台日科技交流合作，很多事到最後階段，需要企業跟進落實。響應蕭萬長的呼籲，加上具有共同理念的朋友共襄盛舉，「台日產業技術合作促進會」(TJCIT) 於 2008 年成立（註 4），由林宏明與黃瑞耀共同擔任副理事長，二人分別負責台、日雙邊的聯繫與事務處理。

家扶中心的小朋友，在永眾和致冠的尾牙上表演。

熱心施善

　　有感於自己成長過程中受到許多人的幫助，等到自己稍有能力，林宏明與太太都熱心參與公益活動，夫妻倆都覺得應該為年輕一代創造更多機會。將企業經營的利潤回饋社會，成了每年持續進行的工作，包括資助仁愛啟智之家、社福中心及家扶中心等公益團體。

　　每年公司辦尾牙時，許多接受林宏明栽培的小朋友也會上台參與表演。十多年來看著孩子們慢慢長大，讓林宏明心裡感到無限欣慰。

快樂的人

　　林宏明創業時看的第一本企業經營管理書,就是 YKK 老闆出版的「善的循環」。他記得書中說,你今天願意付出一份善,這個善就會擴散出去,有一天會再回到你身上,成為更大的善。

　　擁有一女一子,圓滿一個「好」字,還有一位陪著他走過創業艱辛路程、做事專注,且充滿愛心的妻子,林宏明感到心滿意足,他說,「我是個快樂的人」。

　　女兒曾問林宏明,「爸爸,如果我帶回來一個家境不是很好的男孩子,您會怎麼看呢?」林宏明回答說,「是妳要跟他過一輩子,又不是我,所以妳自己決定、妳自己負責。我只要把媽媽照顧好,我們兩個白首偕老就好了。」疼愛女兒的林宏明說,她尊重女兒的決定。

給女兒的簡訊

　　兒子長得很像林宏明,很多人都說他帥;而小時候像爸爸的女兒,長大了反而跟媽媽比較像。對待兒女,林宏明充分給予空間及尊重。女兒成大畢業後,回家跟林宏明說,她想改讀獸醫。林宏明不但沒有異議,還以客觀角度為女兒作分析,給予支持。

　　女兒第一年插班考台大備取,沒能順利就學,決定第二年再考。林宏明感覺女兒的壓力很大,因為她發現,同學中有人已從研究所

畢業、就業，甚至結婚生子。於是在出差途中，林宏明發了一則簡訊給女兒。

「西洋有句話，如果一個人知道他要去的地方，那麼所有的人都會為他讓路。如果妳堅定、確定那是妳要走的路，我相信妳會努力，而希望永遠 on the road」。

收到父親簡訊，女兒回覆說，「爸爸，謝謝您！我的心靜下來了」。

居禮夫人高中化學營

2011 年是居禮夫人榮獲諾貝爾化學獎一百周年，清華大學決定成立「居禮夫人高中化學營」。六天五夜的研修活動，甄選高中生 120 名、高中及國中教師 30 名，費用全免。

包括李遠哲博士、中央研究院院士，與許多化學相關的企業界領袖，都曾應邀到「居禮夫人高中化學營」演講。像是清大校友林景寬分享他投注技術，發展「微熱山丘」有機鳳梨的故事；創立全球知名的植物保種中心的國際知名生物學家，清大李家維教授，則以生態的角度來看化學的應用（註 5）。

身為籌備委員之一，林宏明說，化學營的設立目的在於引起年輕學子對化學的興趣。長遠來看，更希望學員對化學與材料科技展開寬闊的視野，認知化學絕不僅只於一般認知的製造化工產品，而忽略了農業、醫藥、生技、生態等面向的多元應用，進而希望為台

灣培養出卓越的化學家。

人才萌芽

　　越是投入促進台日產業技術交流的工作、看到越多日本的科技發展，林宏明就越體會到，想要提升台灣的競爭力，唯有從教育下一代著手。如何創造下一代的競爭力？林宏明認為，重點在於為他們開一扇窗。只要開了窗，就有機會吸引他們的目光，他們就會自己走出去，創造出屬於自己的一片天空。

　　一位參加過第一屆「居禮夫人高中化學營」的學生，如今已升上清大二年級。他利用暑假前往美國柏克萊大學，進行了一場壯遊，去尋找李遠哲的足跡。因為他聽說柏克萊大學已經產生了七十位諾貝爾獎得主，其中有十六位都在化學領域。

　　這位學生也將他尋找大師足跡的過程拍成影片，帶回台灣與大家分享。林宏明覺得，有什麼比看見親手栽培的種子人才萌芽，更讓人覺得快慰的呢？

感念恩師

　　求學期間，林宏明遇到很多好老師。包括國小的美術老師、初中的數學老師、高中的化學老師，都給了他很重要的指引與啟發，讓他對讀書產生興趣，如今他每年都會回嘉義陪老師吃飯。

　　初一時，數學老送他一本「科學月刊」作為獎勵。這本「科學

月刊」像一扇窗，讓林宏明從此對科學產生興趣。只是他沒想到，長大後進入清華大學，竟成了「科學月刊」創辦人張昭鼎教授的學生。

　　林宏明嘉義中學的化學老師，總是在課後花很多時間，為他解答疑惑，林宏明幾乎天天都到化學老師家去報到，至今難忘既漂亮又會切水果請他吃的師母。此外，清大教分析化學的鄭華生教授，也讓林宏明感念。鄭教授一開學就宣布：「過關、活當、死當，各三分之一」，逼得大家拼了命讀書。

科學月刊的影響力

　　抱著為台灣培養科技人才的想法，張昭鼎教授無論多忙，總是很樂於回答學生的問題。創立科學月刊，也是秉持著相同的理念。林宏明初一時，因為老師送的那本科學月刊而愛上科學；巧的是兒子也在國一，收到了人生中的第一本科學月刊，贈送者是張昭鼎基金會執行長張敏超，他也是科學月刊的編輯。

　　面臨商業刊物的競爭，張昭鼎教授的女兒張瑛芝，原本有意將科學月刊停刊。在徵詢大家意見時，林宏明說了自己的故事，並期望科學月刊可以繼續辦下去。林宏明強調，千萬不要小看這本雜誌的功能，因為在許多年輕學子的啟蒙階段，月刊扮演著指引及引導的重要角色。聽了故事深受感動的張瑛芝，掉下了眼淚，並說：「好，她會堅持下去」！

引進法人股東

當年就讀政大企家班時，林信義的一番話，果然成真。當永眾轉虧為盈、站穩腳步，開始思索下階段再成長的策略時，林宏明想起了企家班的幾位好友。他希望能夠透過顧問的協助，讓公司少走冤枉路，腦海中馬上想起

林宏明伉儷與李遠哲博士，於「張昭鼎基金會」。

的是志聖科技董事長梁茂生。

梁茂生擔任永眾的法人股東後，不但提供許多寶貴資訊、改善永眾的內控與作業方式，也常讓志聖的專業人才提供永眾諮詢服務，讓林宏明覺得受益良多。

學弟、同事、親密戰友

和林宏明共同創業的賈芳凱，是嘉義高中的學弟，兩人在工研院電子所結識後，無論工作或運動都默契十足，還成了電子所的羽球雙打代表。所以當林宏明決定創業時，第一個找的就是他。

　　林宏明天馬行空，愛胡思亂想，敢衝敢闖不受限制；而賈芳凱則專注、細心、善於貫徹執行，兩人在個性上剛好可以互補。事業草創階段，林宏明可以大膽開創，但對於經營管理，他則認為賈芳凱比他更稱職。於是，有一天，他決定請賈芳凱擔任總經理，自己則專任董事長。

　　頓時發現自己沒工作要做，而且很多事他都不會做的林宏明開始擔心！還好，上海交通大學的解崙教授（註6），適時給了良方。他說，「以前你幫公司賺錢，現在要幫公司花錢；錢要花在哪裡呢？花在找機會、找合作夥伴，以及找未來的方向。」找到自己新定位的林宏明，馬上恢復朝氣，並與黃瑞耀開始投入推動台日技術合作的重責大任。

日本人　固之以信

　　日本人重誠信，談合作時若能透過信譽良好的人介紹，會比自己敲門容易許多。如果能由他們認識且信得過的朋友講一句話，肯定比你花上半年、一年的時間去接觸都來得有影響力。

　　永眾成立之初，既沒有背景也沒有雄厚資金的林宏明，凡事都得靠自己。記得永眾開始跟日本清和光學談代理權的時候，有一天，豐田部長提出到林宏明家吃飯的要求，當時讓林宏明覺得不可思議。不過林宏明心想父親剛好會說日語，客人到家裡來，父親還可以幫

「FJ交流協會」是個愉快的台日好友交流平台。

忙接待，於是就答應請他到家裡吃飯。

　　那一頓飯吃得賓主盡歡，非常愉快。代理權談定之後，有一回豐田部長才跟林宏明透露出他當時想做家庭拜訪的理由。因為他們認為，如果一個人連家庭都經營不好，那公司肯定也會經營不好，所以在締結商業合作關係之前，他要到家裡來看看。後來林宏明與豐田部長親如兄弟，而永眾也因為豐田部長的大力支持，得以順利發展至今。

林宏明全家共遊日本。

台商精神

　　台灣經濟能有今天的成績，靠的是過去很多充滿幹勁與創業家精神的台商，提著一個 007 公事包踏遍全世界找訂單，一步一腳印努力來的。這些人有的連英文都講不好，在沒有手機、傳真機的年代，只能靠電報來處理業務，如此撐起台灣產業的一片天。

　　比起早期的台商，林宏明認為自己很幸運，除了受過良好教育，也在工研院接受專業訓練，培養出產業觀，可以找到明確的目標全力以赴。對於能夠在事業上小有所成，他覺得應該對前人的努力懷抱感恩之心。

靜坐調解壓力

　　大學時期就開始打坐的林宏明，認為靜坐是一個可以讓自己很快調整心態、安靜下來沉澱心靈或思考事情的方式。因為靜坐的習慣，林宏明總是很容易入睡，所以他也建議女兒跟他一起學習靜坐。

人不可能沒有壓力，林宏明說，重要的是如何去面對、解決問題。曾有法師告訴他，煩惱是沒有用的，解決不了的事情，再煩惱也一樣解決不了。每天只要躺下來覺得問心無愧，今天該做的事都做好了，那就好好睡個覺，明天才有體力去應付更多的事情。

　　靜坐要學會「吐」，之後自然就會「納」。這就好像能「捨」就會有「得」。當人把氣吐光之後，自然新的空氣就會進來。處理壓力時，林宏明就是靜坐，來獲得自然紓解。

繼續　善的循環

　　面對大陸市場的成長與競爭，如何創造台商的競爭優勢，林宏明認為，未來五到十年是台日技術合作的黃金時期。如果能把日本的技術優勢，結合台灣的資金及市場開發的專長，雙方互補下應該可以創造出很好的機會。

　　除了促進商業方面的媒合，林宏明更希望加入公益性的技術合作。例如食品安全方面的問題，就是一例。民以食為天，如何回歸自然、保育生態，林宏明認為，這是台灣未來應該要走的路。

疼孩子　理性溝通

　　如何影響年輕人？林宏明回想自己成長的過程，以及陪伴小孩長大的經驗，他認為很重要的一點，就是要給小朋友一個機會。所謂的機會，就是要相信他，同時要尊重他。

　　他說了一個與兒子溝通的小故事。幾年前，兒子準備考大學學測，太太對兒子沉迷於打電玩非常有意見，甚至氣得想把整個網路線拔掉。林宏明跳出來反對，他認為這樣的解決方法，只會讓兒子在同儕間沒有共同話題，可能因此會被孤立。

　　於是林宏明試著出面與兒子溝通。他告訴兒子，「媽媽擔心你沉迷電玩，想要把網路關掉，但我覺得這樣不好，如果我替你向媽媽保證，你能夠做到自制嗎？」。這一番平和的溝通，獲得兒子的認可，他也願意自我規範。並不需要強硬的箝制。所以，林宏明堅信，給予孩子尊重，孩子們會懂得為自己負責的！

（註1）聯友光電於2001年與宏碁集團旗下的達碁科技合併，更名友達光電。

（註2）清和光學社長岡崎伊佐央（Isao Okazaki），當時職務是專務。

（註3）為加強台日科技交流合作，「亞東關係協會」於2003年4月成立「科技交流委員會」（簡稱「科交會」），由蕭萬長擔任首任主任委員。

（註4）「台日產業技術合作促進會」於2008年3月成立，由蔡清彥擔任第一、二屆理事長。第三屆理事長由陳添枝擔任。

（註5）微熱山丘的有機鳳梨，其技術由清大校友林景寬創立的嘉品生物科技所提供；清大李家維教授，為國際知名的生物學家，同時也是財團法人辜嚴倬雲植物保種暨環境保護發展基金會（簡稱「辜嚴倬雲植物保種中心」）(KBCC)的執行長。

（註6）解崙教授是上海交通大學海外教育學院產業創意研究所所長。

西洋有句話，如果一個人知道他要去的地方，所有的人都會為他讓路。

——台日產業技術合作促進會副理事長　林宏明

台西到台北 社會學的奇幻旅程

林益厚

　　曾是台西到台北打拼的少年郎，社會學的奇妙旅程讓他成為都市計畫與住宅政策的專家。他保護伯勞鳥、成功復育梅花鹿，以生態保育為終生志業。面對九二一地震，他沉著應變，第一時間保護人民的生命安全。

遲來的榮譽　終生肯定

2011 年，第 18 屆「東元獎」頒獎給林益厚，由前副總統蕭萬長親自頒授，表彰他主導並參與九二一地震災後重建、國家公園規劃、生態保育、都市計畫、城鄉風貌及建立景觀專業制度的貢獻。一個苦讀出身的公務人員，以努力與信念，獲得這份終生肯定。

這份遲來的榮譽，讓人不禁聯想起 2002 年，當時擔任營建署署長的林益厚，因拒絕「關說」，於是決定在 59 歲提早退休的往事。

由於堅守公務人員的責任與良知，林益厚當年不但沒有附和長官，跟他一起說「憲法都可以改，為什麼法令不能改」，反而大聲強調陽明山的馬槽屬崩塌地，曾有一車四人在颱風天碰上崩塌遭致掩埋，要開發觀光旅館的話，安全實在堪慮。（註 1）

開與關的智慧　人生路更寬

就像林益厚出差荷蘭，從特殊景觀「路橋合一」體悟到開與關的哲思一樣，果真，公務生涯的門剛關上，林益厚的人生隨即就打開了一扇窗，應聘擔任中國文化大學景觀學系暨研究所的副教授，直到 2008 年屆齡 65 歲退休。如今，他仍擔任中華民國永續發展學會理事長。

曾任營建署署長、環保署署長及國大代表，現任都市更新研究發展基金會董事長的張隆盛，稱許林益厚是學有專精，有能力、有

2011 年林益厚獲頒「東元獎」，人生價值獲得肯定。

幹勁、有為有守的標準公務員。

　　2013 年，林益厚出版了一本七十自敘「從台西到台北」，書中記載了苦讀上進的過程，也描述公職生涯及社會進步衍生的課題。彷彿帶領讀者走進時光隧道，領略當年的年輕人如何刻苦、奮鬥，終於能夠回饋家庭、為社會人群做出貢獻，並展現人生價值。

台西、虎尾、台中、台北

　　十三歲的林益厚，從故鄉雲林縣台西鄉到虎尾讀初中，在外租

屋開始獨立生活。十六歲時，同時考取台中師範學校及台中二中的他，選擇就讀高中。沒想到高一剛開學，就遭逢父親經商失敗，家中經濟拮据。還好有二哥在外工作資助，幫助他完成了學業。

1962年，考上台灣大學社會學系的林益厚，不但沒有一絲興奮，甚至還為籌學費而感到不安。靠著全家總動員、同心協力「剖蚵仔」（註2），才終於籌足第一學期的學雜費。

從台西到台北，由鄉村到都市，林益厚沒想到此後四十年，他以六年時間，讀完台大學士與碩士學位，並展開三十四年的公職生涯。

與初中好友合照（林益厚為前排右一）

加入 UHDC　錘鍊專業

進入台大社會系，懵懂的林益厚還不知道畢業後可以從事甚麼工作，除了當家教，他還加入系上老師主持的調查工作，練就了一身調查的功力。

當林益厚退伍準備回台大研究所就讀時，看到由聯合國協助

聯合國顧問孟松先生及夫人（左一林益厚）

的單位「都市計劃小組」（UHDC），正在招募大學生參加「暑期學生講習會」的訊息。想不到，大學時期的打工經驗，以及能夠以流利的台語做問卷調查，成了他被錄取的關鍵。

工作認真加上表現優異，林益厚在研究所期間繼續在 UHDC 兼職打工，畢業後，便成為正式職員。長時間受到聯合國顧問栽培指導的林益厚，對台灣推動住宅及都市發展規劃工作，有了全貌的視野，也由於投入人口及住宅政策方面的研究多年，讓他成了少有的專家。

適應環境　儘早投入職場

　　面對滿懷夢想卻對未來十分困惑的年輕人，林益厚總是建議「儘早投入職場，才有時間檢視自己走的路，是不是走對了！」他認為，即使現在入學有推甄制度，但一開始就清楚自己興趣、選對科系的人，畢竟還是少數。

　　他以自身經驗為例，當初懵懂考進剛設系不久的台大社會系，靠著慢慢摸索體會，終於找出自己的一條路。他告訴年輕學子，「興趣是可以培養的」、「要學習適應環境的能力」，找出自己的方向，不可輕言放棄。

工作、職業、事業

　　如果你喜歡自己的工作、覺得有興趣，並看重這份工作的價值，林益厚認為，這時候它就不再只是份「工作」，而是「職業」了。能夠把一份工作當成職業的人，常常展現的是比別人更大的工作熱忱，並給人專業的感覺。

　　林益厚說，如果能夠找到一件事，既能養活自己、讓你展現熱情，而且還激發了你想用一輩子把這件事做得更好的使命感，那麼，這就是最高層次的「事業」或「志業」。能夠一輩子努力下去，最後你會獲得的就是，生命的意義。即使有一天生命不復存在，你的生命意義仍會受到肯定。

人生中點的思考

在三十幾歲讀到「中點」(Mid Point)這本書時，林益厚覺得很感動。書中說，一個人進入社會後，隨即要在工作、配偶及居住地等三件人生大事上做出選擇。經過十到十五年的考驗，常會發現這三件大事的進展，未必盡如人願。

書中指出，三十五到四十歲間，算是人生的中點，這時候如果改變人生跑道，還有二、三十年的時間可以努力。受到這本書的啟發，林益厚決定再充電，他報考東海大學第一屆社會學研究所博士班，並以八年時間修得博士學位。

沒想到這個學位，後來竟成了林益厚從公職提早退休後，順利獲聘到大學任教的一道金牌，也讓他的工作生涯更加豐富多彩。

墾丁 第一座國家公園

1985 年，林益厚被延攬擔任內政部營建署國宅組組長。隔年1986 年，又奉派擔任墾丁國家公園管理處處長。林益厚記得當時的營建署署長張隆盛告訴他，墾丁是第一座國家公園，緊接著還有三座國家公園即將成立，因此，他在墾丁的工作成效將具有相當的指標意義。這番話讓林益厚還沒有上任，就覺得責任重大。

1988 年，他升任營建署主任秘書，參與了玉山、陽明山及太魯閣三座國家公園的規劃與設立。林益厚深刻體會，「國家公園的核

1986 年，墾丁國家公園新管理處開工，張隆盛署長蒞臨

心價值就是自然保育」。

擔任墾丁國家公園管理處處長期間，林益厚不但推動梅花鹿復育計畫、大力保護候鳥，還強力取締違法開挖的草蝦漁塭。此外，更不畏強大壓力，主導收購龍鑾潭西側數百公頃的土地，並且開闢墾丁西海岸景觀道路，為墾丁打下良好的基礎。

美麗台灣 終生志業

台灣空拍攝影師齊柏林執導的紀錄片「看見台灣」以空拍方式記錄了台灣的美麗，以及飽受人們摧殘後的土地樣貌，引起廣大迴響。其實早在二十幾年前，林益厚和他的團隊就已把保育工作，當成是自己一生的志業！

為子子孫孫留下美好的樂土，是國家公園的基本精神。林益厚說，「過度利用土地，就是剝削土地」，對於台灣的美，還沒有破壞掉的要保存住，這是「保育」；而已經遭到破壞的，則要「復育」。

從吃鳥　到賞鳥

曾經，恆春民眾認為過境墾丁的紅尾伯勞鳥是老天爺賜給人們的禮物。民眾設「鳥仔踏」捕捉、小攤子販賣烤小鳥，比比皆是。林益厚到墾管處後，接手保護候鳥的這項重要工作。

從觀念宣導、加強取締、到調查候鳥遷徙的情形，與鳥友、學術界及保育界進行交流，林益厚帶領墾管處的同仁，以全套系統化的作法，持續推動這項改革工程。而在電台開闢的廣播節目「國家公園與生態保育」從 1988 年開播後，也持續了二十年之久。

保護候鳥之外，墾管處也在環境上面花心思，特別規劃保護區，

為了保護候鳥，林益厚燒毀鳥仔踏

讓鳥類棲息，也提供遊客賞鳥。從影響到改變，如今，每年十月的賞鳥活動，已是墾丁一年一度的盛事。

梅花鹿　絕跡重生

曾經，台灣是個梅花鹿滿山奔跑的美麗寶島，隨著獵捕及棲息地遭人類開墾，1960 年代後期終於宣告絕跡，只剩台北動物園還飼養著 100 頭純種的梅花鹿。

墾丁國家公園管理處依國際保育聯盟 (IUCN) 的建議，歷經準備期、放養期到野放期，共二十幾年的努力，從選定復育區、規劃設立研究站，到請紐西蘭的專家來台協助裝設圍籬，如今在墾丁國家公園內，已成功復育梅花鹿超過 180 頭，野放的梅花鹿也有一百多頭。(註 3)

解說員　影響人心大工程

林益厚深信「面對自然，能夠瞭解它，就能愛護它，進而達到自然保育的目的」，他以創新思維徵選培訓國家公園解說員，不但創台灣先例，而且影響深遠。他先在暑假公開招募大學生，不限科系，經過密集訓練後，再分派到鵝鑾鼻、貓鼻頭各處，為遊客進行解說。表現得好的，寒假還可以再繼續回任。

這批解說員後來都成了非常傑出的人才，也有人因此愛上保育工作，一路攻讀到博士。林益厚說，環境保育的觀念，透過各種座

1971 年，雙親和岳父歡送林益厚伉儷，赴英國進修

談會、影片分享、宣導活動，以及解說員的講解，從小紮根，才能
收潛移默化的效果。

　　不過，後來墾管處在招募解說員時，也一度碰上難題。原因是
現在很多年輕人，寧可宅在家裡玩電腦，也不肯走向大自然。好在
有相當多退休的老師，願意擔任解說志工，繼續接棒這項任務。

住宅政策　安居大事

　　曾參加聯合國都市計劃小組所舉辦的住宅調查，接著在行政院
經合會、經建會，到內政部營建署，林益厚的工作一直與住宅問題

與政策有關。特別是他獲得聯合國補助,前往美國以六個月時間,考察了十四座城市之後,更讓他深刻體察,針對住宅政策,政府可以從「量、價、質」三方面來努力。(註4)

在量方面,只要看空屋率有多高,就可以判斷住宅市場是否供過於求;房價方面,政府應該關心人民購屋或租屋的痛苦指數。過去以家庭年收入的三到五倍為合理,但如今早已超過十倍,代表痛苦指數實在太高,政府應拿出對策,才能讓人民安居樂業。

至於居住品質,不只是住宅本身,還包括都市交通順暢、景觀協調、下水道建設完善,都是政府的重要任務。(註5)

石油危機　房價狂飆

1972年底,林益厚夫妻自英國進修回國,在石牌附近租了一間四層樓公寓的二樓,房租每月1,500元。當時房價大概是家庭年收入的二到三倍,住房支出沒有超過家庭總支出的30%,都還算合理。

孰料,1973年石油危機引發通貨膨脹,房價開始水漲船高,房東以20萬元購入的房屋,開價35萬元出售。接著1974年又發生第二次石油危機,房價再度大漲。等到1975年房東更積極賣房時,林益厚因為家人很喜歡那個環境,最後只好忍痛以60萬元向房東買下。雖然脫離無殼蝸牛一族,但房貸年息高達13.25%,讓他們足足當了七年的屋奴。

擁有自己的房子

石牌新家，1982 年

想擁有一個房子，林益厚給的建議是，先累積七年的工作所得，準備好百分之三十的自備款，剩下房價七成的貸款，則以二十、或三十年還清。你可以先租小的、再租大的；先買舊的，之後再買大一點的。

林益厚也提醒大家以「家庭週期」來看住宅問題。剛結婚可以在市中心租房子，或租比較小的房子；有了小孩可能就要再選擇一下，也許以同樣的租金，換個區域，換間大一點的房子；等孩子大了獨立出去，房子就又不需要那麼大了。

世事無絕對。相對於中國人為了擁有房子不辭辛勞，曾指導林益厚多年的聯合國顧問孟松（Mr. Donald Monson）夫婦，則一直都沒有房子。他們直到六十五歲退休了，才選擇到夏威夷安定下來。

違法事件　開發與保育的爭執

要把一件做錯的事，重新拉回正軌，無論是保護候鳥或是復育梅花鹿，都需費心費力，至少投入二十年，才能看到些許成績；但把一件事做錯，一開始可能只是小小一個貪念，但卻要環境付出無可挽回的代價。

全世界的人都知道，國家公園是自然保育的代名詞，是國家傾力保留原始風貌地景，以及野生動植物的地方。但在台灣，卻有人對國家公園內已劃定為管制區，規定只能「繼續作原來使用」的鄉村住宅，透過一戶一戶買下，再將之重建成集合住宅，接著申請成為旅館及度假區。在被人揭發違法之前，這家號稱擁有最美麗的珊瑚礁海域的度假村，已經在墾丁萬里桐營運了十四年。（註6）

未雨綢繆　培訓專業技師

台灣位處地震帶上，大小地震頻繁，地震何時會來無法預防，只能未雨綢繆做好應變計畫。1995 年日本阪神大地震後，國內也盛傳梅山斷層的大震週期快到了，因此 1999 年初，已任營建署副署長快八年的林益厚一接任署長，特別重視救災的準備工作。

營建署早在 1996 年就制定了「震災後建築物危險分級及其使用評估基準」，經過一番點校，林益厚發現全國受過講習訓練的人員僅一百餘人，於是決定加緊培訓的腳步。

1999 年，林益厚（右一）就任營建署署長。

　　在建築師、土木技師、結構技師等公會及相關學術團體踴躍參
與下，到了 1999 年六月底，參加過講習訓練的人數已達一千五百
多人。營建署還與建築師公會議定，將以嘉義地區作為演習地點。
沒想到，合約都還沒有簽，921 地震就發生了。

透過廣播　快速動員

　　地震後第一時間，林益厚在南投縣立體育場救災中心，透過廣

播快速動員。短短幾天內，共有一千五百餘人、六千多人次的專業技師，為災區進行第一階段的危險房屋評估。

林益厚有條理地呼籲三件事。其一是請各個救災指揮中心，成立「危險房屋評估服務處」，辦理危險房屋的評估工作；其二是呼籲受過「震災後危險房屋評估」訓練的建築師及各類技師到各救災指揮中心報到；其三則是呼籲居民，只要對房屋是否安全有疑慮，都可到各救災指揮中心請求協助。

由於已經早有準備，因此林益厚能夠在救災第一時間，把需要協助的「災民」，與可以提供協助的「救災中心」及「專業技師」，以最快的速度串連在一起。

兩階段評估　保障生命、財產安全

對於 921 救災，原訂的救災程序很明確。第一階段先保護人民「生命」的安全，提醒危險的建築物不可以再進去，以免餘震造成二次傷亡；之後，第二階則保護人民「財產」的安全，以比較充裕的時間，了解建築物毀損程度，再決定是「毀損不堪使用，必須拆除」，或「可修復補強恢復使用」。

林益厚呼籲技師趕緊到各救災中心報到的作法奏效，營建署在 921 當天清晨，就展開危險房屋第一階段的評估。紅色、黃色、綠色標誌，分別表示房子「危險，禁止進入」、「需注意」或「安全」。

先鑑定　再救助

　　然而，由於當時台灣總統大選在即，政治角力全面啟動。明明第二階段的評估還沒有開始，房子到底是「毀損不堪使用，必須拆除」，或者是「可修復補強恢復使用」都尚未判定，但行政院重建會救災組就在九月二十八日，公布救助金發放標準，至於房屋全倒或半倒，竟是由「地方政府認定」，而不是由專業技師來認定。

　　這一來，災民馬上急著請領救助金，而且直接把紅單視為「全倒」，黃單視為「半倒」，要求村里長開具證明。沒有專業鑑定就要求補助，頓時亂成一團。三十多天後，監察院終於對行政院提出糾正。除了痛陳行政命令紊亂外，也指出應該先做「技術鑑定」，才能有所根據，啟動「社會救助」。

組合屋　12 坪還是 8 坪

　　救災如作戰，大軍整隊的第一時間，主帥就應該站定位，升帳聚將，決定哪些事先做？怎麼做？誰來做？資源在哪裡？甚麼時間以前要完成？

　　但回顧 921 地震後，光是災區收容所，俗稱組合屋的設置，營建署的報告對象，就從「內政部」變成「行政院工程會」，之後又轉向「行政院重建會」。長官給的決策也從原來的每戶十二坪改成八坪，遭民眾撻伐後，才又再改回十二坪。

　　組合屋的設計一改再改，公務流程與招標文件作了三次。在此同時，民間團體十二坪的組合屋，早已陸續搶建，讓林益厚心急不已。（註7）

公有地　你用還是我用

　　921地震後，時任台中縣長的廖永來與林益厚，當著前來災區巡視的副總統連戰面前，大吵起來。原因是營建署準備興建組合屋的公有地，台中縣政府早已應許給慈濟功德會與高雄縣政府興建組合屋共500戶。

　　6公頃的公有地其實足夠興建900戶，只要把出入道路及公共設施再作規劃，營建署計畫興建的300戶就可一併納入。沒有細問詳情及後續影響的連戰，說這是樁「小事」，但後來的發展是，許多人住進這些「搶搭的愛心」不肯遷離，組合屋的拆除，成了行政院重建會的燙手山芋。

　　讓林益厚最感遺憾的是，「行政院重建會」放棄對組合屋的主導權後，災區的組合屋如雨後春筍般林立，而一再被通知緩建的營建署團隊，卻僅獲准興建499戶臨時住宅，令人只能搖頭大嘆「白急一場」。（註8）

寧靜有力的善舉

　　2000年四月間，「中華民國紅十字會總會」主動打電話到營建

署，詢問可以如何幫忙。他們慷慨贊助許多民間團體致函營建署，請求補助的組合屋公共設施費用，共計 2.2 億元；後來，連同營建署興建的 499 戶組合屋造價 1.2 億元，也一併買單。他們的愛心和做法，讓林益厚感激萬分，終生難忘。

　　如今翻開行政院重建會的報告，921 地震後組合屋總共興建 5,800 多戶，實際進住 5,270 戶，安置 18,000 餘人，但其中真正震災的災民不到 500 人。這些數字後面，有很多值得省思之處。

喝止偷啃國土　關鍵在執行力

　　「看見台灣」紀錄片讓台灣民眾，親眼目睹台灣自然景觀與生態遭到的破壞。讓人心痛之餘，更感覺憤怒。一方面氣的是偷啃國土、任意剝削，貪婪的人心，但更生氣的是，姑息軟弱的公權力。

　　林益厚說自己不在其位，但還是忍不住駁斥台灣自然生態被破壞至此，都是因為欠缺「國土法」的說辭。他說，這真是一個藉口。

　　他指出，台灣每一塊土地的用途都有詳細規定，有人非法蓋房子，怎能說是無法可管呢？林益厚認為，執行力才是關鍵。

大學四年　該如何裝備

　　看大學教育，林益厚指出，如今台灣每年新生兒不到 20 萬，但大學招生人數卻達 35 萬，遠超過每年高中生畢業人數，已是人人都

可以唸大學的時代。

　　在珍貴的四年裡，林益厚認為年輕人應該思考自己人生的方向，先選些通識科目擴展視野，避免後續發展受限。接著要在本科專業外加上輔修，培養第二專長。至於語文、電腦等工具類學識，也是基本配備。

　　林益厚認為學歷只在應徵第一份工作時很重要。當你應徵第二份工作時，雇主更在意的是你上份工作的經驗，以及你是否持續進步。曾任主管職務多年的他坦言，他會特別關注應徵者每份工作做了多久，工作經驗有沒有累積及相加乘的效果。

退休　展開次要工作

　　台灣已是高齡化社會（aging society），65 歲以上人口已佔總人口數 10％以上。林益厚說，退休的人剛踏入退休生活，有如新兵，也應該學習或參考別人退休後到底做些什麼事。

　　他認為，年少認真學習、壯年熱心服務，退休之後，則要為「成功老化」作準備。經歷過了人生的主戰場，退休後的林益厚經過思考，決定給自己訂下含飴弄孫、鍛鍊身體、增長見聞，以及繼續在非政府組織（Non-Governmental Organization，NGO）服務等四項「次要工作」。

　　很喜歡印度的林益厚，已造訪過印度八次。他說，在印度的哲學裡，人生要經歷學習、成家、苦行，以及最後棄家雲遊四個階段。

人到老年要苦行，放棄名、利、慾望，不管世事，才能慢慢朝自己的人生終點走去。

態度　讓你與眾不同

林益厚揭開一個小祕密：職場中的機會，最容易給願意學習、做事積極、願意接受長官額外或緊急派任，而不會處處計較的人。能不能夠拿到機會，關鍵點就是態度。

他也提醒「聞過則喜」的重要。在別人指出你的缺點時，能夠虛心受教、從中學習的人，才能不斷進步。林益厚說曾經他擬的公文被長官改了七次，他不但不惱怒生氣，而且還很感謝他，自己還私下比對一番，推敲體會修改的道理。

2010 林益厚伉儷到印度旅遊

啟發他、影響他

如今，林益厚與當年在墾管處的同仁仍往來密切，自稱「墾丁

一族」的他們，每年約定歡聚假期。談到如何影響年輕人，林益厚說，無論對同仁或學生，如果想影響他，就不要命令他，而是以你的意見去說服他、啟發他。

林益厚很感謝自己剛開始工作時，為他樹立職場典範的長官。那些聯合國的顧問只要看見有人工作做得不好，就動手幫你改，而不是只有批評。相對地，同仁交上來的報告寫不好就退，不說哪裡不好，再問就罵你一頓，這樣的主管就很難啟發同仁，並帶領他們精進。

人際關係　互助利他

回想自己從求學到就業，雖然物質條件缺乏，但同學、朋友之間總是互相加油鼓勵。家中兄弟姊妹更是互相幫助、緊密連結。林益厚感嘆，昔日那樣互助、利他，良好的人際關係，在如今社會中已經很難找到。

造成這樣的結果，除了源於社會變遷，林益厚認為，教育制度也有責任。特別是推甄跟繁星計畫，讓身邊的每個人都成了假想敵。對身邊的人存有瑜亮情結，無法變成好友，只好隱身在網路世界，與陌生人交往。

面對逐漸變質的人際關係、疏遠的家族聯繫，林益厚提醒大家應該思考，如何找回以前那些珍貴的傳統特質。

1998 母親與林益厚兄弟姊妹合照

苦悶的一代　加油

　　能在適當的時間做適當的事，是很幸福的。林益厚觀察現代年輕人，結婚、生育的年齡都相當晚，他提醒大家，25 歲帶小孩，跟 40 歲才帶小孩，差別是很大的。不過，他也說，不是每個人在人生各階段，都可如願完成該做的事。但最起碼要找一份自己有興趣的工作，還是可以擁有精彩幸福的生活！

　　相較於過去生活貧困，但機會卻很多的自己，林益厚說，他其

實很理解，也很同情這一代的苦悶。他們原本生長在衣食無缺的環境，備受呵護地長大，但真的踏入社會時，這才發現自己沒吃過苦，或根本不能吃苦，即使飽受挫折、處處碰壁，也很難找到理想的工作。

　　他鼓勵年輕人，即使只能找到一份收入不高的工作，都應該先去做，而且是認真地作。拿出學習的態度，比別人更努力一點，你一定會被看見，到時候，機會也就會前來敲門。

（註1）詳見「從台西到台北」一書，林益厚著，允晨文化出版，2013年。

（註2）台西海岸的潮間帶養牡蠣，從蚵田將牡蠣挑回家後，將牡蠣的肉，從殼內挖出，稱為「剖蚵仔」。

（註3）梅花鹿復育區選在墾丁社頂。詳見「從台西到台北」P.137「把梅花鹿找回來」。

（註4）1978年林益厚獲聯合技術協助委員會 (Joint Technical Assistance Committee，簡稱JTAC) 獎學補助金，前往美國進行六個月的住宅政策研習。

（註5）「人口與都市發展」，作者林益厚，2004年，詹氏書局出版。

（註6）墾丁悠活度假村，沒有經過環評，違法營運超過14年，….而屏東縣政府和內政部的墾管處、卻放任業者長期持續違法，因此遭到監委糾正。（公視新聞網，2013年12月4日）

（註7）1999年9月27日，行政院成立「九二一震災災後重建推動委員會」，簡稱「行政院重建會」。

（註8）副總統連戰到東勢鎮巡視災區之後，營建署陸續接到緩建指示，第一期發包的臨時住宅八處1,840戶，最後僅獲准興建499戶。

適當的時間，做適當的事。人生劇本，角色隨時間改變，要演什麼像什麼。

——中華民國永續發展學會理事長　林益厚

泰雅學堂

在孩子心中 栽一株苗

　　新竹縣多位原住民校長、老師及家長，2008 年起，共同投入一項啟發原住民青少年天賦的培育計畫。希望透過音樂、美術、講座及親子共讀，提供孩子有歸屬感的家。在許多有心人士的長期支持下，他們一起打造「泰雅學堂」。

尖石　新竹後花園

　　新竹縣尖石鄉，是縣內最大的一個鄉。海拔一千五百至三千公尺的高山林立，這裡是泰雅族原住民的家。以李棟山為界，尖石鄉的七個村落，前山有義興村、嘉樂村、新樂村、錦屏村、梅花村等五個村，另外秀巒村及玉峰村，則位於海拔更高的後山。

　　錦屏國小，位於前山的錦屏村，每年的耶誕晚會，都是最熱鬧的大日子。天剛亮，好多家長幫忙殺豬、準備傳統餐點，為晚會的盛宴忙碌起來。這一天，除了受邀的賓客外，幾乎所有的村民都會齊聚到學校來，先開村民大會，接著就投入晚會的準備工作。

　　住在都市的人們，大概很難想像，這裡的鄉民、教會與學校，緊密連結的程度。學校裡的孩子們從兩、三歲到十幾歲，涵蓋幼稚園到小學六年級的學生。每年的晚會，已經畢業的大孩子，也會紛紛回來參加活動。

愛拍紀錄片的校長

　　徐榮春 Makus Suyan，泰雅族人，在尖石長大的他，歷任新竹縣新光國小、桃山國小、富興國小校長，現任錦屏國小校長。他拿出「東方美人茶」待客，談起幾年前剛到新竹縣峨眉鄉富興國小擔任校長，一句客家話都不會說的往事。「當時心裡很忐忑，可是後來發現，也沒那麼難。這裡的人容易相處，後來還經常找我去騎腳踏

錦屏國小年終晚會，活潑的小朋友搶著與徐榮春校長合照。

車，還教我怎麼喝茶」。

　　泡茶、學客家話，難不倒這位積極樂觀的校長，他目前也是清華大學人類學研究所博士班的學生。擔任富興國小校長期間，他啟動了一項紀錄片拍攝計畫。問起拍攝動機，他笑著回答，「就是喜歡拍啊，和才藝沒關係」。

　　他拍過一部「媽媽與 mama」，跟著在茶園裡採茶的客家婦女及

新住民媽媽，記錄她們的生活點滴。東方美人茶賣價不錯，但採茶婦女在烈日下採一整天的茶，工資不過一千二百到一千五百元，有些阿婆七十幾歲了還在採茶。徐榮春拍了一學期，一邊拍攝一邊和她們聊天。

　　富興國小那時有九十位小朋友，三分之二學童的母親都是新住民。她們為了教養下一代辛苦地工作，有的上班、有的採茶，這部紀錄片剪輯後大約只有 15 分鐘。徐榮春說他還沒有拍完，原因是後

第一屆《大霸響起．築夢織歌》戶外音樂會，圓滿成功。前排左一為泰雅學堂教育協會第一屆副總幹事陳智明校長（第二屆總幹事）、左三為泰雅學堂教育協會謝鴻財理事長、左四為尖石鄉雲天寶鄉長、右三為新竹市企業經理協進會理事長林育業。

半段拍攝新住民媽媽時，她們一說到自己，就哭。

　　離鄉背井的辛酸、現實與想像的落差，讓新住民媽媽承受極大的壓力，一看鏡頭就忍不住情緒潰堤。拍攝工作因此停了半年，沒想到半年後徐榮春就調回尖石鄉來了。講起這段往事，他顯得有些悸動，或許是天生溫暖的心及使命感，讓他總是對身邊的人與事，特別有感觸。

大霸尖山　戶外音樂會

　　2013 年 11 月 9 日，「泰雅學堂」與尖石鄉公所聯合舉辦第一屆《大霸響起‧築夢織歌》戶外音樂會，在泰雅族聖地「大霸尖山」下，部落族人可以在星空下，欣賞到國際級的音樂會。

　　受邀演出的長榮交響樂團，70 多位音樂家以專業演出，讓原鄉部落的孩子，彷彿駐足國際舞台。加上歐開合唱團、心築愛樂合唱團，以及剛獲得德國布拉姆斯

長榮交響樂團，將國際級高水準演出，帶到第一屆《大霸響起‧築夢織歌》戶外音樂會現場。

國際合唱比賽銀質獎的泰雅學堂青少年合唱團、新竹縣原住民教師合唱團，一起呈現了一個音樂悠揚的夜晚。從募款找贊助、邀約演出團體、到落實所有的執行細節，推動這項艱鉅任務成功的徐榮春說：「這都是大家的功勞」！（註1）

來自馬里光群

「我是尖石泰雅族，馬里光群水田部落人」，徐榮春解說泰雅族的群聚。簡單地說，尖石的泰雅族人分為「嘉樂排群」、「基那吉群」，以及「馬里光群」三群。尖石泰雅族人口中說的前山、後山，係以李棟山為界。前山海拔較低，是頭前溪的上游，後山海拔較高，是大漢溪的發源地，一路延伸到淡水河入海。

古時候，「嘉樂排群」的泰雅族人分布在前山，而「基那吉群」及「馬里光群」則分布在後山。基那吉群集中在如今的秀巒村一帶，而徐榮春的祖先所屬的馬里光群，則住在玉峰村附近。

前山的嘉樂排群接觸漢人最早，後來因為衝突、傳染病等諸多因素，人數銳減。大約在二百年前，後山群聚慢慢遷移到前山，特別是在日治時期，為了管理方便，更是恩威並施地將後山族人大量移到前山。

當時馬里光群移往出後山的人數較多，基那吉群相對較少。目前嘉樂排群僅數百人、基那吉群約三千五百人、馬里光群則有

四千五百人，總計尖石鄉泰雅族人人數不及一萬。

出草勇士變打工一族

「我們家族是在祖父那年代移到前山，住在新樂，當時我父親才四歲」，徐榮春說，祖父算是末代出草獵人頭的族人！日治時期禁止族人紋面及出草，但徐榮春的祖父年輕時就已經紋面，而且他覺得沒有出草不算男人。早期族人會到宜蘭出草，但法令禁止後就不知道該找哪些對象。後來他們竟挑上一個日本警察的孩子。

取了日本人的人頭，就闖了大禍！祖父和另一位頭目的兒子出草後躲到司馬庫斯的深山裡，日本警察原本說要法辦，但礙於頭目在部落的影響力，才不予追究，交換條件是要他們搬到前山來。

由於徐氏家族遷移到前山的時間算是比較晚的，當時大部分的土地都已經有人開發。沒有了土地，原本馳騁山林的勇士，霎時之間變成了打工一族。

想當神父的少年

徐榮春的父親，靠著打零工維持十個孩子的生計，後來賺了些錢，才開始買地。徐家有八男兩女，由於年紀差距大，徐榮春從小就得幫忙照顧弟弟。他說「我雖然排老七，但我一直覺得我是老大！」。

　　超有群眾魅力的徐榮春校長，談起童年志向，竟是「最想當神父」！他說，「在我眼裡，陪我們長大的法籍神父是萬能的。他不但督導我們功課，還會看病、修理鐘錶」。

　　徐榮春說，小時候他們每天放學，就到教會去寫作業。表現好的人，就能獲得一項十分特別的獎勵。特定假日，這名幸運兒可以跳上神父的摩托車，在眾人羨慕不已的眼光中出發，遠征新竹市區的美乃斯買麵包或到動物園去玩。徐榮春一臉甜蜜地說，「那真是最好的犒賞！」。

　　神父也把音樂帶進生活。「禮拜天一大早，他會播放音樂，內容很多樣化。那時我們住在教會附近，只要聽到音樂就會趕快起床」，徐榮春說神父也將孩子們組成合唱團，為了演出，大家徒步從新樂走到秀巒，一早出門走到天黑才到達。夜裡睡在教堂，第二天早晨為秀巒的教友們演唱，接著再住一晚，週一才回家。

　　徐榮春說，唱歌讓小小年紀的他們，接觸到很多人，也感受到歌聲帶給人的快樂；而合唱的感覺也很奇妙，因為必須要跟別人搭配才會和諧，而且是一群人在一起，所以，你知道自己並不孤單。

從合唱開始

　　看著部落很多年輕人想當歌星，徐榮春雖然覺得沒什麼不好，但他認為更重要的是發揮天賦。「如果我們從小讓孩子們接觸不同

新竹縣原住民教師合唱團及新竹縣泰雅學堂青少年合唱團（如圖）於 2013 年德國布拉姆斯合唱節競賽，榮獲青少年組、民謠組、及混聲組共三面銀牌。

的音樂，觸角就會延伸到不同的世界！」徐榮春希望，泰雅學堂是一個能讓部落的孩子，接觸浩瀚世界的起點。

泰雅學堂剛開始有很多想法，包括讓老人家說泰雅族的故事、請身為書法家的泰雅學堂理事長謝鴻財和他的兒子來教書法、畫畫、雕刻，另外還有音樂、課業輔導等。後來因為師資與經費所限，所以先從合唱團開始。

想搭飛機嗎？

音樂是上天給原住民的禮物。2010 年，新光國小全校只有四十八名學生，曾任該校校長的徐榮春，帶著初生之犢的孩子們下山參加合唱團比賽，一舉拿到全國第四名。有一次朝會，學生們對操場上空的飛機指指點點，好奇不已。身為校長的他問：「要不要搭飛機啊？」，學生們大聲齊喊「要」！

徐榮春開始想辦法，幫學生們圓夢。他真的帶小朋友去了日內瓦及法國！後來徐榮春調到桃山國小，2005、2006 年他又帶學生們去了二次美國！因為他的用心與創意，讓這些孩子飛出國門，看到了更寬廣的世界。不過，他想做的不只於此，他希望把音樂世界拉進孩子們的生活裡，影響更多孩子。

新竹國際商銀原鄉活泉行動，捐助了桃山國小一間音樂教室。學校將教室隔成五間琴房，讓老師指導學生練琴。但這項課程在徐榮春調往他校後，因為沒有老師繼續教，琴房也就閒置了。

這件事讓徐榮春感觸良多：「我想幫助的不只是單一學校的小朋友，而是部落裡對音樂有興趣的孩子」。他希望孩子們的學習機會，不會因為人事異動，就受影響或中斷。希望孩子們能有常態性接觸音樂並發展各種天賦的機會，這份理想終於促成了「泰雅學堂」的誕生。

出國　為神父家人獻唱

合唱團不只出國比賽，徐榮春還帶著孩子們拜訪神父的家。他們曾到美國聖地牙哥，為一位老婦人獻唱。擁有三個兒子的她，其中二人當了神父，對台灣貢獻很大。她是丁松筠及丁松青神父的母親。

演出後，一位奶奶忍不住親吻泰雅少年趙怡富。

走訪法國，合唱團也拜訪眷顧徐榮春及無數族人成長的金若望神父家人。金神父已經過世，合唱團就唱歌給他的妹妹聽。「我們以為神父家裡很富裕，因為前山尖石、新樂、嘉樂的天主堂，以及後山新光、玉峰、石磊的教堂，都是金神父募款興建的」，「我們看到他簡樸的老家，才知道他們真的都是在犧牲奉獻」，徐榮春說，兩位丁神父的老媽媽快 90 歲了，一個人住。問她為何不跟另外的兒子住，她說：「我要守著這個家，我的兩個神父兒子還會回來，回來不能沒有家」。

　　結合行動派與夢想家於一身的徐榮春，是神父們半世紀前播下的奇妙種子。他帶著孩子們走訪神父老家，唱歌給神父的家人聽，彷彿為這群泰雅族幼苗開啟了一扇世界之窗。

認真最重要

　　孩子們歡天喜地出門，幕後推手卻是滿身大汗。一次出國團費將近三百萬元，自費之外，不足的全靠泰雅學堂的老師志工們一起張羅或募款。「我希望給他們一個畢生難忘的經驗，有的孩子可能出國一次之後，就不會再來泰雅學堂了，因為有不少家長還是覺得補習和考試比較重要。」徐榮春感慨地說！

　　「其實，我覺得認真最重要」，徐榮春說他最佩服兩種人，一是神父，二是工人，「像我爸爸那個年代的工人，薪水很低，但他們很認真。從小我就聞著爸媽從山上工作回來的汗酸味、雨鞋濕漉漉的臭味，那就是我家的味道，是真實的生活，到現在都很懷念」。

　　父母踏實認真的生活態度，影響每個孩子。徐榮春家有三個公務員，從小就是老實讀書，從沒有補過習，照樣考上公職。他強調，這個社會不是人人都能當老闆、老師、或律師，也需要優秀的水電工、勤奮可靠的工人。

　　「認真，我們部落裡最缺的就是這個！」，徐榮春語重心長。他說，現代社會「向錢看齊」的價值觀影響了部落，很多人抗拒不

了輕鬆財的誘惑，不肯腳踏實地，也不願意吃苦。「一週只要上山偷採盜賣林務局的木頭，比起天天到山上去拉竹子砍草當然輕鬆很多」，徐榮春覺得最重要的是建立小朋友「正確的生活態度」，他們才會做出正確的抉擇！

不強調菁英教育

有人認為，讓孩子追求好成績，當老師、醫師、律師，才有可能回來改變部落。但泰雅學堂卻有著不同的想法，徐榮春說「我的目標不是要培養部落菁英」！

從小的生活經驗告訴徐榮春「菁英大多住在外面，很少回部落，真正回來改變部落的人不多」！他認為菁英教育只會改善部分人的生活，讓他有專長照顧自己，但未必能夠改善部落！

以音樂　改變部落

部落裡的小吃店，天天上演喝酒的大人唱著卡拉 OK 的場景，徐榮春認為，這對孩子將有不良影響；相對地，如果小朋友從小能夠接觸多樣化的音樂，讓音樂成為一輩子的朋友，他們就能在人生碰到問題時，用音樂來抒發，而不是喝酒。

徐榮春堅信，音樂可以改變部落。他舉錦屏國小的張世傑主任為例，張主任會彈琴、女兒吹長笛、小兒子打鼓，全家人對音樂有

泰雅族的音樂，風靡海外，這是在義大利的表演。

著共同嗜好，經常享受合奏之樂。

　　這樣的理念或許在國內少見，但國外早已有人證明可行。委內瑞拉一位經濟學家荷西‧安東尼奧‧阿布努（Jose Antonio Abreu）早在 1975 年就創立了青少年管弦樂團系統 "El Systema"，專門幫助貧困的孩子學習樂器並加入樂團，以音樂來改變當地嚴重的社會問題，讓小孩子遠離酗酒、吸毒的環境。他們從一個據點，擴展至今已超過二百多處。這個努力了快四十年的計畫，讓徐榮春深受鼓舞！

讓孩子影響父母

徐榮春帶領的孩子,不但有禮貌,而且表達能力極好,原來他們很重視閱讀與分享。除了閱讀,徐榮春也帶領孩子們分享及體驗部落之美。他帶孩子們去看與族人息息相關的茶產業、參觀峨嵋的愛鄉協會,每回參觀完回到學校,都會引發學生很多感想。

峨嵋的愛鄉協會不只做茶產業,更認真整理自己的家園,他們固定去峨眉湖邊撿垃圾、整理環境,並且種花。孩子們參觀完就反思:「我們呢?我們的部落也很美啊,但為什麼那麼髒亂」?

身為校長的徐榮春,又帶著孩子們去社區打掃、撿垃圾。撿了滿滿十二大袋垃圾回來沒多久,社區又開始髒亂。所以孩子們開始問大人:「別的地方有愛鄉協會,那我們應該怎麼做?該如何對待我們生活的這塊土地」?

孩子們把想法做成簡報,他們提出很多構想,先到兩個教會去跟牧師及修女分享,請他們指正,最後則到一群族人面前去做報告。從觀察、反思到分享,對孩子們而言真是極為難得的經驗,也奠立了他們思辨的基礎。這背後,正是徐榮春的用心。

用心經營　永續發展

「靠教育來改變,有點慢,但是慢工出細活」,長期觀察部落發展的徐榮春看過太多快起快落、轟轟烈烈的活動,更深感用心規劃與持續推動的重要!

173

　　尖石鄉的人口不多，目前戶籍人口大約八千，全部回來也只有一萬六千人左右。如果要發展觀光，在熱鬧的水蜜桃節、甜柿節之餘，也許應該思考如何呈現整潔的環境，以及部落文化之美。「我們期盼看到公部門的用心」，徐榮春語意深長地說，「只要規劃得好，環境永續發展，居民就會留下來」。

泰雅學堂的起步

　　泰雅學堂最早的構想，是想找大企業獨家贊助，但後來發現，還是成立協會才是長遠之計。這麼做可以避免人事更迭而造成經費短絀，也可邀請更多個人與企業一起加入，支持贊助這個理想。

　　剛開始招生也相當波折。印了一千份 DM，跑遍尖石、五峰、竹東的十五所中小學，原本天真以為招生會爆滿，結果卻只來了六十人，其中二十人還是徐榮春從桃山國小拉下山來的。六十個學生也要做，畢竟這是個起點！

合唱團　屢獲國際大獎

　　找到學生，接下來是師資的安排。由兩位老師指導直笛課、兩位老師帶合唱團，泰雅學堂就這樣開始運轉。「剛好是四位張老師，我太太張貞英老師、賽夏族的張定運老師、錦屏國小的張世傑主任、五峰國小的張涵茹老師，很巧都是張家班的，所以我們就『開張』

啦！」樂觀的徐榮春笑著說。

徐榮春始終覺得，合唱只是發揮原住民的天賦而已，他希望讓孩子們的學習更多樣化。2010年他們與新竹市青年管樂團合作成立管樂班，不過這個活動只做了半年就因為經費不足，以及家長不願

2013年德國布拉姆斯合唱節，泰雅學堂青少年合唱團指揮張涵茹老師（左），與大會音樂總監（右）合影。

讓孩子花太多時間練樂器而告終。泰雅學堂又回到當初的合唱團與直笛班。然而，徐榮春強調，泰雅學堂多元化發展的目標沒有變，時勢不允許，就先回到能做的點上繼續努力，等待機會。

倒是合唱團成立至今，已經獲得許多榮耀。2010年義大利、2011年北京、2013年德國，都有泰雅孩子傳唱的天籟美聲。徐榮春說：「不管以後是否有機會發展其他課程，合唱團一定會繼續做下去！我們天生的聲音就和別人不同，這是上天的恩典，我希望它能發揚光大，變成台灣的維也納！」

期待　成立實驗中小學

把新元素加進泰雅學堂，雖然很不容易，但徐榮春卻絲毫沒有氣餒。2013 年，他和副總幹事陳智明校長聯袂拜訪新竹教育大學陳惠邦校長洽談合作，讓泰雅學堂的孩子們進入國立新竹教育大學附設「竹詩愛樂管弦樂團」一起學習。一方面可以培養孩子們成為竹詩的儲備團員，二方面也讓泰雅學堂有機會從管絃樂出發，進而發展成第一支泰雅交響樂團。

從一首小星星開始， 2013 年 10 月開始到竹詩愛樂管弦樂團練習的孩子們，已經讓這個夢想開始實踐。目前泰雅學堂好像一所假日音樂學校，沒有實體教室的他們，想出的辦法是，利用假日，向竹東鎮中山國小借教室上課。

往夢想前進的路上，總有曲折。場地只是有形的限制，此外還有無形的阻力，也在考驗著徐榮春及熱心老師們的決心。最明顯的，是家長對孩子課業的要求，部分泰雅學堂的學生，仍得背負沉重的考試及升學壓力。

徐榮春希望，音樂能成為泰雅學堂課業的一部分。他希望，未來能夠成立一個實體的泰雅學堂實驗中小學，可以更長遠地、有計畫地朝夢想前進。

柔軟的心 寬闊的路

音樂涵養性情，從泰雅學堂的孩子們身上，可以得到印證。學

堂成立後，徐榮春每年都會安排孩子們到醫院或養老院，舉辦學習成果發表會。包括湖口的仁慈醫院、新竹社會福利中心、竹東長安養老院等，每年都有孩子們的歌聲與身影。徐榮春希望孩子們除了學習，也能夠關心別人、回饋社會。

徐榮春說，有些來泰雅學堂學習的孩子，原本課業就相當優秀，透過唱歌給更多人聽，讓他們的心變得柔軟；有些孩子原本比較封閉，練習合唱後與人的互動變好，表達也活潑了起來。

最讓徐榮春感動的是，有位阿婆隔代教養三個孫子，她也感受到音樂對孩子的正面影響，所以每逢周末總是不辭辛勞，騎著摩托車，遠遠地把孫子們，從部落一路載到竹東鎮上來練唱。正是這些點點滴滴，支持著泰雅學堂的老師與贊助者們，持續扮演學堂的推手。

協會的推手們

泰雅學堂的理想，吸引了關心部落發展的老師們。除了「張家班」四位老師外，北平國小彭文正、李曉櫻、中山國小黃翠花、竹北國中張麟彥、林慧姍、嘉興國小李俊德、呂秋琴等多位主任老師，也都全心投入。

許多家長也熱情參與。例如五峰的陳雪妮、朱湘怡、劉慧真，尖石的羅純慧、江月桂、曾慧芳都是泰雅學堂的志工及元老級的「褓姆」，還有張涵茹老師的姐姐涵茵，許多大小事務，都靠他們幫忙。

謝鴻財理事長（左），贈送墨寶給新竹教育大學陳惠邦校長，感謝他對泰雅學堂的長期支持。（由「進修及推廣教育處」蕭銘苞處長代為接受）。

還有，由四位新光國小前後任校長組成的男子合唱團「新光幫」，也是泰雅學堂最有力的推手。徐榮春、王賢、陳智明、高文良等四位校長雖然個性不同，但互補的特質讓他們不但歌聲和諧迷人，而且也成了好朋友。

除了這些戰友之外，徐榮春說他最感恩的是泰雅學堂的理事長謝鴻財與副總幹事陳智明校長！「我們三個人是學長學弟，雖然分別出生在五峰、尖石與復興鄉，但是對部落的關心都是一樣的。謝理事長是享有盛名的書法家，智明校長年輕有創意，大家願意一起擔任泰雅學堂的任務，讓我卸下草創之初、發想泰雅學堂的重擔」。

徐榮春坦言自己個性直率，覺得該做的事就會一頭栽進去，有時難免過於衝撞，面對不同意見時，也需要更圓融的智慧。幸好有

謝理事長與陳智明校長的支持與背書，才讓泰雅學堂諸事順利，徐榮春只管全力衝刺，專心做好總幹事！（註2）

貴人一路扶持

夢想與熱情，具有奇妙的感染力。徐

辛水泉總經理（中）與新光幫的三位校長，右起徐榮春、陳智明、高文良，與「新光幫幫忙」的張麟彥老師。

榮春一心為部落未來努力的態度，讓他遇上很多貴人。最早幫助泰雅學堂的是沛亨半導體的火柴棒基金會及總經理李明儒，2010 年又有新北市大豐媒體的大地之子教育基金會加入，這兩個團體支撐了泰雅學堂剛起步的運作費用。

新竹市企業經理協進會，則在泰雅學堂遠征德國參加合唱比賽，以及舉辦大霸音樂會等活動時，給予鼎力支持。協進會理事長林育業、漢民科技董事長黃民奇伉儷、交大思源基金會及該會執行長周吉人、采鈺科技及義隆電子的長期支持，也讓徐榮春銘記在心。他還特別提到台積電的導讀志工，同時是采鈺科技總經理辛水泉，以及漢民的張惠美小姐，更是從徐榮春開始為部落奔走後，就一直幫

忙至今的熱心朋友。

　　除了活動之外，展望基金會、家扶中心、博幼基金會及永齡基金會也長期支持清華大學及交通大學山地服務社（簡稱「山服社」）的同學，每年上山輔導孩子們的課業。有這麼多熱心人士的支持，徐榮春說，新竹山上部落的孩子們，真是十分幸運。

埋下科普教育種子

　　「談錢的事，我們都很害羞」，以前要鼓起勇氣才敢寫 email、打電話募款的徐榮春，遇上熱心的新竹市企業經理協進會社區關懷主委尹秀蓮後，終於鬆了一口氣。

　　不過，為了孩子們，徐榮春也有主動積極的時候。初識清大戴明鳳教授後，徐榮春就記住了她說「歡迎小朋友們有機會到清大來做實驗」。於是在擔任新竹縣富興國小校長後，連續三年帶著應屆畢業生拜訪清大，體驗大學生的校園與生活。

　　戴明鳳教授深入淺出的教學方式，大受歡迎。2013 年夏天，徐榮春找來內灣國小陳智明及尖石國小黎萬興二位校長，一起邀請戴明鳳教授舉辦了一次類似科學營的活動。在辛水泉與他清大學弟伍壽國的支持下，戴明鳳教授帶著助教們及實驗器材，每兩週到部落授課一次。如果上午在內灣，下午則在錦屏或尖石上課。另外，每學期一次，小朋友也到清大實驗室上課。科普教育的種子，正在萌芽。

清華大學戴明鳳教授（立者左三），為泰雅學堂的孩子們，開啟物理學的奇妙大門。

發揚泰雅 TAYAL 精神

「泰雅族很強調共享」，徐榮春說，這個共享還包括對人、對部落、對土地的責任。司馬庫斯部落少有賣土地的事，不是因為不缺錢，而是只要有人經濟困難想賣地，族人就會出來勸阻及幫忙；泰雅族的文化裡沒有頭目，強調溝通，尊敬有智慧的人。只要部落要做事，有智慧的人就會站出來幫忙溝通。

「發揚泰雅精神」是徐榮春這些年不斷努力的動力。他從部落

文化式微的餘光裡，看到了父執輩留下的精神。生活應該是什麼樣貌呢？老一輩泰雅族人總是說，你只要能呼吸就要踏實地工作，你會做什麼就做什麼。所以徐榮春一直認同每個人都應該從自己的興趣或優勢能力去發展；不必想著學別人，只要做你自己。他也不要求小朋友考第一名，只希望他們很認真。

　　泰雅族人生活單純、物質很少，為了生存保暖，很會編織；他們很少用獸皮，大多用苧麻做布。如今後山的老人仍保持傳統，織布的織布，種菜的種菜，徐榮春說，那就是一種精神。

　　「所以，我從最簡單的事開始做，從老師們會做的事開始做，讓小朋友從他的天賦去發光！」這就是徐榮春，以織布的手法，一條又一條交錯著，編織美好的「泰雅學堂」。

（註1）2014年11月8日，泰雅學堂再度與尖石鄉公所共同主辦第二屆《大霸響起‧築夢織歌》戶外音樂會。協辦單位包括清大藝術中心、尖石鄉民代表會、尖石鄉、新竹市企業經理協進會、新竹縣各國中小及教會。贊助單位包括新竹科學園區同業公會、熱心公益廠商與個人、新竹縣政府、尖石鄉公所、五峰鄉公所、雪霸國家公園管理處及新竹市企業經理協進會。

（註2）「新光幫」係由徐榮春、王賢、陳智明、高文良等四位新光國小前後任校長組成的合唱團體。成立「新光幫」的想法係由陳智明校長提出。經常在新竹縣國慶、元旦及新竹縣運動會開幕典禮擔任國歌領唱的他，是號召成立「新光幫」的關鍵人物。徐榮春擔任泰雅學堂總幹事時，陳智明出任副總幹事。2014年初，徐榮春卸下泰雅學堂總幹事後，由陳智明接棒。

泰雅族老人們說，日復一日編織你的靈魂和生活，像織布一樣。編織完成時，你會發現生命變得很美。

——「泰雅學堂」第一屆總幹事暨錦屏國小校長　徐榮春

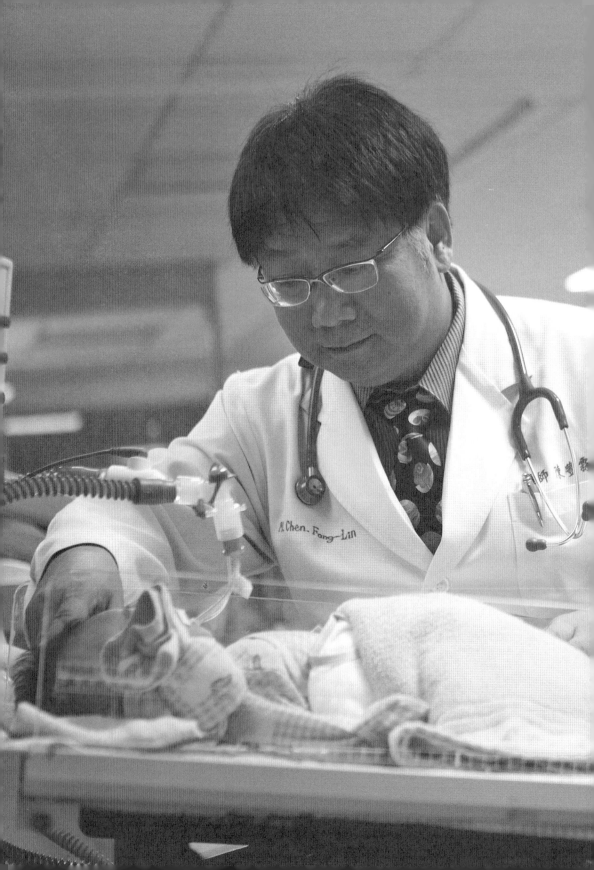

三心三意 守護心臟健康

陳豐霖

　　心臟猶如人體的動力引擎，美好人生分分秒秒都少不了它。陳豐霖以十年時間為台中縣逾 35 萬學童建立心臟超音波健康檔案。他並成立協會，積極投入觀念宣導，長期陪伴家屬。

心臟超音波，可以看清形狀，比起先聽聲音，再揣摩心臟問題，來得更有效率。過去，經常是病人感到不舒服時，才進行心臟超音波檢查。但台灣先天性心臟病關懷協會卻積極呼籲，大家應該透過超音波檢查，了解胎兒、學童、青少年、企業員工、以及每一個人的心臟健康情形。

關心學童猝死

一位老師的細心，加上政府團隊的用心，啟動了一項影響深遠的學童心臟健康篩檢工程。位於台中縣萬豐國小的吳春林老師整理資料時發現，台中縣學童在十年間，竟出現二十八個猝死案例。這些學童，在以前學校健康檢查時，都沒有任何預警。

於是，台中縣政府決定，委託專業團隊為縣內學童，以超音波技術，進行全面性的心臟健康篩檢。

有一天，台灣先天性心臟病關懷協會理事長，同時也是中山醫學大學附設醫院（簡稱「中山醫大」）先天性心臟病科主任陳豐霖，接到他的恩師，高雄榮總小兒科主任謝凱生的來電，希望由他來負責這項任務。（註1）

心臟健康檔案

答應老師之後，陳豐霖仔細一想，發現這是需要耗費龐大人力、

物力、時間的一件「大事」。還好，這件大事獲得中山醫大董事長周明仁的全力支持。

這項工程，從 2001 年（90 學年度）開始啟動，持續十年，篩檢對象涵蓋台中縣學童達十六屆。期間，陳豐霖在醫院看診、心導管的行程外，帶著精簡的助手人力，開著車、載著掃描設備，親自到台中縣每一所國小，為學童進行超音波篩檢。

陳豐霖設計了高效率的篩檢流程，還特別研發學童床鋪，一到學校就擺開三張床。孩子們上、下床的時間，篩檢進度不受延遲。

篩檢的關鍵成果在於，為學校建立全體學生的心臟健康資料庫，並做出「危險分層」。這讓老師們可以特別留意高危險群的學童，讓他們獲得更多醫療資源的照顧，減緩惡化的速度，避免猝死。

猝死、腳步悄悄

面對猝死，所有的人都會吶喊，為什麼？結論經常指向心臟病。但到底是哪一種心臟病，在家屬悲慟不願解剖遺體的情形下，終究是一團謎。

過去教育部對全國學童已經透過詢問家族病史、並以聽診、心電圖等方式，對學童進行心臟健檢，但仍屢有漏網之魚，釀成遺憾。而心臟超音波掃描，是全球公認比較有效、侵犯性小、而且可重複性使用的檢查方法，更是醫院用於確診的有效工具。

　　孕婦產檢、心臟不適的病人求診，醫院安排的就是精確的超音波掃描。過去，超音波篩檢無法普及的兩大原因，其一是儀器昂貴，其二則是操作者必須具備豐富的經驗。尤其是胎兒心臟的超音波掃描，醫師更是至少需要具備五年以上的經驗才行。

先天性心臟病不是遺傳

　　先天性心臟病不是遺傳疾病！很多人都誤以為「先天」就等於「遺傳」，認為家庭中沒有這個遺傳就不會得病，殊不知這個疾病每個人都有機會得到。

陳豐霖呼籲，先天性心臟病不是遺傳。

　　「先天」指的是在母親懷孕時，胎兒在腹中產生心臟結構異常。陳豐霖說，只要能早期發現，規畫好系統化的治療方法，就能守護孩子的健康。

　　陳豐霖也與婦產科醫師合作，一起守護胎兒健康。有人懷疑試管嬰兒罹患先天性心臟畸形的機率比一般胎兒高，陳豐霖與試管嬰兒名醫李茂盛醫師進行了

超過十年的研究。結論是，試管嬰兒與自然受孕的胎兒相比，罹患先天性心臟病的比例相當，並沒有比較多。

篩檢的重要與必要

一個實例，可以說明篩檢的重要性。有個小孩施打流感疫苗兩個月以後開始喘，很不幸後來演變成心肌擴大，心臟功能減弱。當他們請求賠償時，卻因無法證明以前的心臟是健康的，而遭到拒絕。

先天性心臟病的外在表徵具多樣性，沒有絕對標準。陳豐霖介紹心臟結構，就像二棟兩層樓併在一起的房子，它有相通的地方，也有各自獨自的出口，在檢查上光靠一般的聽診及觸診是沒辦法百分之百觀察到的。雖然跟心電圖相比，超音波掃描的價格顯得昂貴，但卻能立即知道心臟的結構及功能情況，陳豐霖呼籲，每個人「一生至少要做一次」。

誰來照顧心臟

有病的人卻不覺得他有病，陳豐霖說，這就是「沒有病識感」。尤其孩童不會講症狀，新手父母親更不容易觀察症狀，最常見到醫院就診的，就是發現心臟有雜音，或是小孩子說自己胸痛、胸悶、心悸（心臟跳得很快），才會到醫院來。

「有些小孩長得瘦小、成長比較慢，或者讀書成績欠佳，卻從

來沒有人會想到正是心臟問題」。陳豐霖統計，百分之七十的病人，從來沒有對人講過自己的症狀。

三心三意：三個時機、三個觀念

由於先天性心臟病早在胎兒時期就可能發生異常，為了推動胎兒篩檢，陳豐霖特別成立台灣先天性心臟病關懷協會，積極倡導「三心三意」的醫療觀念。

「三心」指的是三個檢查心臟的時機。第一是母親懷孕十六週到二十四週時；第二是出生後六週內的新生兒早期篩檢；第三就是進入小學之後。因為有些疾病會隨著年紀而變化，所以需要每六年再做一次心臟篩檢。

「三意」則是三個觀念的提醒。第一，先天性心臟病不是遺傳，大家要對心臟有病識感；第二，先天性心臟病的外在表徵是多樣化的；第三是最重要的，提醒大家要早期診斷、早期治療。

連續十年　完成 35 萬學童篩檢

到校為學童進行心臟超音波篩檢，是一項需要專業、效率及體力的超級任務。跟隨陳豐霖完成台中縣三十五萬七千多位學童心臟健康檔案的助手翁志遠，是這項任務的重要參與者及見證人之一。

週一到週四，篩檢小組早上七點半從中山醫大出發，把握上午

陳豐霖與協會病童及家屬，一起推廣「三心三意」，願大家都健康。

四個小時的篩檢時間。行車途中翁先生還能跟陳豐霖說說話，一旦
到了學校，大家就會忙到一秒鐘也停不下來。

篩檢小組的成員有時六人，有時八人，經常一個早上要篩檢四、
五百名學童，甚至還創過六百人的紀錄。他們也曾在凌晨三點出發，
只為了開拔到梨山，為二十三名學生做篩檢。完成工作之後，他們
還得趕在雲霧壟罩之前開車下山，回到醫院，繼續門診及臨床工作。

員工健康　公司資產

除了胎兒、學童之外，陳豐霖的團隊也應企業之邀，將醫院等級的大型儀器搬到公司所在地，為企業員工進行心臟超音波檢查。

位於南科的某企業，就篩檢出二百五十位員工是危險案例，其中有四人心肌梗塞，二人已換過心臟導管支架。檢查之前，公司對這些員工及重要幹部的心臟健康情形，全然不知。

另有一位企業高階主管，檢查出他與高危險的心臟，一起生活了四十年。他的心臟動脈導管沒有像正常人一樣，在出生後五天內自動閉合，因此造成心臟極大負擔，嚴重時會造成心臟衰竭。然而他卻只覺跑步容易喘，每次健康檢查結果，也只是心跳太快而已。（註2）

血管環　易被忽略

血管環是從心臟出去的兩大動脈，因為胚胎發育演變過程異常，而把氣管跟食道纏繞住。血管環的六大症狀「長期反覆感冒、食慾不振、嗜睡、注意力不集中、睡眠障礙、打鼾」，卻經常被忽略與心臟有關。

陳豐霖說，血管環未診斷率高達 99.9%。亦即幾乎百分之百的人，在進行心臟超音波檢查之前，都不知種種不適，原來是血管環造成的。

陳豐霖為台中縣學童進行心臟超音波篩檢，十年期間，發現嚴重血管環病童高達二百五十多位；勾住氣管的的「肺動脈勾鎖」有十九例；此外，症狀較輕的部分血管環病童，還有二千八百多位。

中山醫學大學首開先例，在每位新生入校後，為他們進行血管環檢查，過去六年共檢查了約一萬名新生，有千分之十六的學生被篩檢出血管環並接受治療。

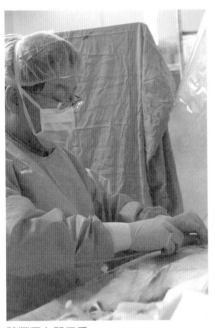

陳豐霖在開刀房。

病患的感謝

彰化縣某位鎮長的孫子三個月大時，發現心臟破了七個洞，還有一個血管環，因此長得瘦小。透過仔細規劃，陳豐霖結合外科完成高複雜度的手術，讓心臟衰竭情形大獲改善。

一位來自澳門的女學生，在中山醫大新生篩檢時，發現是典型的血管環患者。開刀後的女學生告訴陳豐霖「我現在吃東西很神

奇」。原來，過去十八年她每吃完一口東西，都必須用力，才能把食物吞進食道。恢復健康的女學生成績表現優異，不但獲得澳門全額獎學金，畢業後並享有公職。她在感謝陳豐霖的信中說，「如果能夠早一點發現的話，我就可以再長高一點，高中成績單也不會滿江紅，歌也可以唱得比現在好」。

另一案例是台中大里理化名師的一對兒女。起先是國一的兒子檢查出有血管環，接著小五的女兒讀書每十分鐘就覺得腦袋發熱，頭暈頭痛，做什麼都不對。檢查結果，女兒也是血管環。兩個小兄妹先後開刀矯正，如今，兒子是清華大學電機系高材生，女兒是台大國企系財金組的榜首。

身為一位必須為生命與死神拔河的醫師，病人康復及其家屬的感謝，是最大的欣慰。陳豐霖謙稱，救治病患是醫師的天職，所有醫師都是盡心盡力的，而他只是其中的一員。看著患者恢復健康，迎接美好人生，陳豐霖說，這就是「醫師最快樂的時光」。

苦行、仁醫

病患最大的幸運，在於遇上仁醫。除了在醫術上爐火純青，更在心態上視病如親。陳豐霖在許多患者心裡，早已是兼具「仁心仁術」的醫師。

以農田裡的耕牛形容自己，陳豐霖表示，牛背對著牠的主人，在田裡耕作，一心向前、努力認真，並不計較辛苦耕耘的稻米是給

誰吃的。他說，我們就是「一心認真做事」。

　　以十年時間完成台中 35 萬學童的心臟超音波篩檢，陳豐霖不但費心、費力，而且還經常自掏腰包。但只要篩檢時，發現了過去被忽視，或從未發現的案例，就是他最感欣慰的時刻。因為這樣的一次檢查，可能就能讓一個孩子，有全然不同的人生。（註 3）

帶領年輕人　一日行醫

　　陳豐霖說，教年輕人教半天，還不如讓他們實地參與。因此他創立「一日行醫」的體驗課程，帶著年輕人體驗行醫的一天。

　　早上七點半開晨會，緊接著進入開刀房，為病人做手術，下午則到門診看患者。光是因為手術時間延長，到下午兩點鐘才午餐，已經讓很多年輕人吃不消，而當陳豐霖把所有門診患者看完，經常已是晚上八點到十點鐘。

　　「一日行醫」讓年輕人近距離看到專業醫師如何面對問題，如何沉著應變，解決問題。也讓有志行醫的年輕人，體認到應該做好充分準備。除了醫學院見習生外，參加「一日行醫」體驗課程的對象，還包括剛考上高中、大學的新鮮人，連陳豐霖的兒子都參加過。

陪伴家屬　長期照顧

　　行醫多年，陳豐霖發現，許多罹患先天性心臟病病童的家庭，是社會及經濟上比較弱勢的一群。陳豐霖說，雖然現在有全民健保

台灣先天性心臟病關懷協會，是很多病童家屬的溝通平台。

支付開刀費用，但長期照顧還是很大的經濟壓力。

台灣先天性心臟病關懷協會的成立，目的就在「持續關心並協助病人」。協會成立後，已積極扮演兩個功能，其一是協助病患家屬彼此聯繫，包括開刀後的復原細節、以及家屬情緒上的互相扶持，都發揮了重要效益。

其二則是幫助舒緩經濟壓力。陳豐霖說，如今協會不但是家屬間經驗分享的平台，透過愛心捐款，也讓病人在醫療資源無法照顧的部分，獲得協助。

公務人員子弟

陳豐霖生在公務人員的家庭，父親是郵務人員。排行老三的他，從小就希望能早一點幫忙分擔家計。父母支持孩子選擇自己的興趣，高中聯考時，陳豐霖幾乎參加了各種類別的考試。

整個七月都在應試的他，原本心裡最嚮往的是高雄工專，為了幫助家計，技職學校也在他的考慮之列。放榜了，陳豐霖有很多選擇。最後，他在同學的遊說下，一起到高雄中學報到。

立志從醫　選擇外科

　　決定當醫師，陳豐霖的動機得要從高中那場骨折說起。高一升高二暑假，喜歡打籃球的他在灌籃之際，被人拉扯觸地，造成前臂骨折。在還沒有全民健保的時代，陳豐霖先是被送到私人骨科醫院就診，後來他在學校又因滑倒再度骨折，狀況一度相當棘手。

　　最後，靠著開刀手術，陳豐霖才終於獲得痊癒。這個從痛苦深淵獲救的過程，讓原本選定自然組的他，於升上高三之前，決定改讀丙組，並立志要當一個勝任的醫生。

自我鍛鍊　向學長看齊

　　國防醫學院是一個軍醫系統，學校希望把每個學生都打造成各科全能的醫生。陳豐霖到三軍總醫院實習時，特別挑了最累的科別，包括骨科、一般外科、槍傷外科，以及急診室等，刻意磨練自己。

　　問陳豐霖為何這麼愛吃苦？他說，國家培養軍醫花了很多資源，國防醫學院很多優秀學長，像是心臟內科的姜必寧醫師、胸腔科的盧光舜醫師，都是他心中的英雄！陳豐霖希望，自己也能向他敬仰

的學長們看齊。

　　結束三總的實習，陳豐霖開始到高雄榮總小兒心臟科服務。到了這裡，他發現自己除了技術之外，還有不足。於是，他開始培養自己對小孩子的耐性。

完成領先國際的創舉

　　台中縣政府與中山醫大持續十年，為縣內 35 萬學童進行全面性的心臟超音波健康檢查，可說是一項領先國際的創舉。

　　放眼國外，對於運動選手的健康檢查，包括美國及義大利，偶爾會有少量幾百個，或二、三千例的檢查，但全面性、持續性的心臟超音波檢查，則絕無僅有。

　　中國胡大一博士積極推動的「愛心工程」，到蒙古、新疆等醫療資源稀少的地區做心臟超音波義診，一旦發現先天性心臟病人，則施以早期治療。相較之下，台灣的愛心工程規模更大。陳豐霖說，他很敬佩當年台中縣長黃仲生及副縣長張壯熙的遠見，更感謝他們的支持。

芝加哥　貝克醫生

　　為了照顧病人，陳豐霖也孜孜不倦地研讀國際間發表的論文，吸收新知，與時俱進。他發現國際上血管環開刀手術經驗最豐富的，

首推美國芝加哥兒童醫院的貝克醫師。該院創於 1949 年，累計至今，已將完成二百多個血管環的案例。

貝克醫師發表文獻說，教科書針對血管環的手術方法是不完美的，過去的開刀技術值得再做改良。

陳豐霖拜訪貝克醫生。

於是，陳豐霖便專程飛到美國向貝克醫師請益。

採納貝克醫師的心得，再加上與中山醫大外科醫生們的討論，如今，陳豐霖已找到一個更創新、更簡易的手術方法，並在臨床上獲得令人欣慰的成果。短短十年，中山醫大已累積將近二百七十個血管環病例。

父母期望　太太支持

父母的期望，太太的支持，是陳豐霖前進的最大動力。師長方面，陳豐霖最感謝的是高雄榮總小兒科謝凱生主任的栽培與提攜。

　　陳豐霖說，母親在生他的過程中，差點難產。還好一位藍醫師不辭辛勞地照顧母親，才挽救了陳豐霖的性命。因此，當了醫師之後，父母親對他的期望就是當個好醫師，在病情上、經濟上，盡量協助病童及家屬。而陳豐霖的太太是個虔誠的佛教徒，她覺得錢夠用就好，最重要的是要把責任做好，善盡自己的本分。

承擔責任　人生價值

　　從高雄中學畢業考上國防醫學院苦讀七年、三軍總醫院實習二年，接著陳豐霖到高雄榮總服務五年，並獲得總醫師執照及心臟專科醫師資格。

　　之後，陳豐霖到台中榮總服務一年半。1997 年 10 月他加入中山醫大，設立「先天性心臟病科」。

　　回想在高雄榮總拿到心臟專科醫師資格的時候，陳豐霖說，那時一股使命感油然而生。還記得他在心裡告訴自己，從此必須「獨立承擔責任」。

經驗豐富的專業團隊

　　在陳豐霖的努力下，中山醫大「先天性心臟病科」已建立起專業的醫療團隊，備有加護病床十張，每年為重症患者手術開刀近一百例，另外，以心臟導管協助治療的也近一百例，規模排名全國

這輛汽車隨著陳豐霖，為台中縣逾 35 萬國小學童完成心臟超音波檢查。

第四。

　　豐富的臨床經驗是珍貴的。除了投資一流的超音波儀器，人員訓練絕非一日可成。好幾位跟著陳豐霖在 2001 到 2010 年，持續十年為台中縣學童做心臟超音波篩檢的專業人員，還有隨著大夥兒征戰超過十五萬公里，這輛汽車載著團隊成員，也載著超音波儀器，完成了規模媲美國際的心臟健康檔案。這輛車，也是行醫團隊，重要的一員。

中山醫大的精神

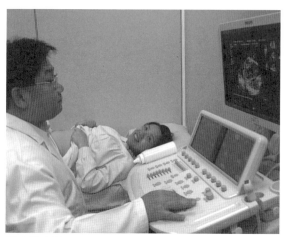

越來越多懷孕的母親，懂得為胎兒進行心臟超音波掃描。

行醫生涯中，陳豐霖最感念的是，中山醫大創辦人周汝川董事長給他充分發揮的空間。周汝川為中山醫大樹立的精神典範，也深深影響了陳豐霖。

老董事長去世後，他的三個兒子，分別在醫科、醫護管理及牙科，負責醫院的營運。中山醫大現任董事長周明仁，更本於社會企業的理念，服務社會，大力支持學童篩檢，以防治先天性心臟病造成學童猝死的危險。

陳豐霖說，為台中縣學童做心臟超音波篩檢，一年的經費是二百八十六萬元，平均四萬五千名學童，每人的篩檢費用還不到四十七元。若考量成本，光是一台可攜式的超音波儀器就要二百萬元，更別說還要花七十八萬元買一輛車。還有為了加快速度，超音波儀器還從一台增加到三台。

電話中，周明仁只問陳豐霖要不要做？「如果要做，那你就接。」簡短問話之後，就派秘書帶著印章簽約。陳豐霖說，董事長

的信賴讓他十分感動。此外，醫院還支持陳豐霖彈性調配人力及工作時間，讓他得以順利完成整個篩檢工程。

1997 年到中山醫大報到，陳豐霖接著在 1998 年創立台灣先天性心臟病關懷協會，希望讓病童與家屬都感受到，醫院將長時間陪伴並協助他們。協會每年舉辦關懷病童的活動，周明仁一直是最有力的支持者。陳豐霖更感謝周明仁為先天性心臟病科配備了最先進的檢查儀器。他說，「包括我們胎兒心臟的超音波，也是婦產科界裡最好的儀器」。

交大 EMBA　領悟與質變

交通大學培育無數傑出的電子業領導者，其創新與效率，對陳豐霖有著強烈的吸引力。2010 年陳豐霖考進交大 EMBA，好在住家離高鐵台中站很近，到新竹上課，十分方便。

就讀之後，陳豐霖的家人朋友都發現他的確發生了「質變」。他強調，在交大的學習過程中，每位授課教授都不吝於把最「專精」的知識與智慧教導給同學，此外，更提供「物超所值」的售後服務，讓他受益匪淺。

對於交大 EMBA 同班 (NCTU EMBA 13e) 的同學而言，陳豐霖是他們最體己的家庭醫師。也由於情誼深篤，當陳豐霖提出為新竹學童做志工，以心臟超音波為學童免費篩檢義診時，馬上就獲得執行長鍾惠民與全班同學的支持。

交大 EMBA 公益活動，陳豐霖（左五）為新竹學童進行
心臟超音波義診，新竹市長許明財（左四）出席致謝。

師資一流　茅塞頓開

陳豐霖說，交大 EMBA 劉大中教授的經濟學，啟動了他的世界經濟觀；劉助教授的易經規則學（Algorithm），歸納出企業經營的形與象，以及圈地要與力相稱的哲學；而王淑芬教授的會計學，更是讓陳豐霖這樣一名沒有上過會計課的醫師，很快就學會了看財務報表。

交大 EMBA 執行長鍾惠民教授的財務規劃案例研討，藉由分析企業財務管理優劣差別，學習企業營運管理。

碩二上學期課業負擔最重，但更重要的是，課程中老師精闢的教導，讓每個同學都捨不得錯過任何一分鐘的上課時間。

韓復華教授開設運籌管理課，陳豐霖說，「我一定要好好介紹一下韓教授，以免往後的學長姊乍聽韓教授要求嚴格，就被嚇跑而沒選他的課」。陳豐霖說，韓教授的商業模式分析及「產銷人發財」的供應鏈運用，一再地告訴大家，要清楚確認顧客所在（focused

交大 EMBA 13e 全班，到美國柏克萊大學參訪。

customers），且創造更好的價值給客戶。

　　陳豐霖說，身為專業醫師，過去從未有過這樣的思維。這堂課引起陳豐霖內心極大的震盪，讓他開始思考「我要如何提供病人物超所值的價值」，以產生「差異化」及「獨特性」。陳豐霖直說，韓老師的課，太重要了！

身為忙碌的父親

　　陳豐霖育有一子，現在是陽明醫學大學二年級學生。他笑說，是真的忙到沒空多生幾個孩子。到中山醫大服務十七年來，陳豐霖幾乎以院為家，連住家也刻意買得離醫院很近。

　　從一位醫師、一位護士、二張病床開始，到如今加護病房已有十張病床，陳豐霖要照護的患者越來越多。經常是，下班買了吃的回家，剛走到家門口，加護病房就打來電話，馬上食物一放，就趕回醫院照顧重症病患，這就是陳豐霖的生活。

　　身為一位父親，陳豐霖也像自己的父母一樣，讓孩子選擇自己要走的路。他也讓兒子來醫院參加「一日行醫」的體驗，希望讓兒子提早認識醫師生活最實際的一面。

台灣、大陸比一比

　　醫學教科書上載明，孕婦可在胎兒 18 周起，進行心臟超音波檢查，確保胎兒健康。2011 年 4 月，大陸的陝西省政府投資 500 萬人民幣，成立胎兒先天性心臟病超聲診斷中心，為的是提高優生、優育的水準。相較之下，台灣對於胎兒心臟健康檢查，並不普及。

　　如果能落實胎兒心臟超音波檢查，接著在國小、國中、高中各檢查一次，成年後每六年做一次篩檢，特別是企業主為員工建立健康檔案，就能有效避免猝死悲劇的發生。

調適壓力　日日心安

　　管理病人的心臟健康，常常連帶地體會病人家屬的壓力。問陳豐霖如何調解壓力，他說，閱讀是心靈上的調節，而運動打球則是身體壓力的釋放。

協會為病童慶生。

　　遇上沒有見過的案例，陳豐霖總是盡力透過國際資源去找到癥結點。有時候，一本期刊、一篇文章就能在一個節骨眼上，帶來力量，讓人有所領悟，豁然開朗。

　　儘管盡心盡力，但偶有來自病人家屬的法律糾紛，也曾讓陳豐霖極有壓力，還好他靠著宗教信仰及心理課程，調適度過。陳豐霖深刻體會，作為專業醫師，只要心裡有一把尺，就能心安。

提醒年輕人　知之行之

翻開醫療史，陳豐霖說，今日的醫療水準是累積了無數人不捨晝夜、追求精進才有的成果。他常對年輕的醫學院學生說，年輕人要能吃苦，要竭盡所能地去學、去做。

「不用讀書，不用實際操作演練，你就會看病了，那是不可能的」，陳豐霖也常說「醫療就像滾雪球一樣，要滾動一個雪球，每一層都不容絲毫鬆懈，否則就沒辦法層層紮實」。

不說吃苦，陳豐霖對兒子的培訓，就是讓他「跟著做」。他表示，醫療不一定要很聰明的人去做，但一定要「願意耐心去做」。

肖牛的陳豐霖，做事勇往直前，耐力十足。他以十年時間，完成 35 萬名學童的心臟超音波篩檢工程，未來他期許自己帶領技術純熟的團隊繼續向前，以第二個、第三個十年，為大台中二百萬學童進行心臟超音波篩檢，守護他們的心臟健康。

（註 1）中山醫學大學附設醫院（簡稱「中山醫大」或「中山醫院」），成立於 1966 年。中山醫大於 1976 年底，免費收容照顧來自高雄的張忠仁、張忠義這對坐骨連體雙胞男嬰，後來兩兄弟到台大醫院進行分割手術時，中山醫大的創辦人周汝川，還特別指派照顧兄弟多年的兩位醫師到台大支援，並於分割手術後繼續免費照顧兩兄弟長達 2 年之久，獲得社會好評，也讓中山附設醫院名氣大開。2011 年 12 月周汝川去世，兒子周明仁接任中山醫大董事長。

（註 2）胎兒在母體中與出生後，血流需求不同。在主動脈與肺動脈之間，原有一條相通的血管，稱為「動脈導管」，通常這條血管會在出生後關閉，若沒有關上，則成為「開放性動脈導管」是很嚴重的先天性心臟病，嚴重時會併發心臟衰竭。

（註 3）陳豐霖為台中縣學童進行十年篩檢期間，在總人數三十五萬多人中，共發現五例「肥厚性心肌病變」。

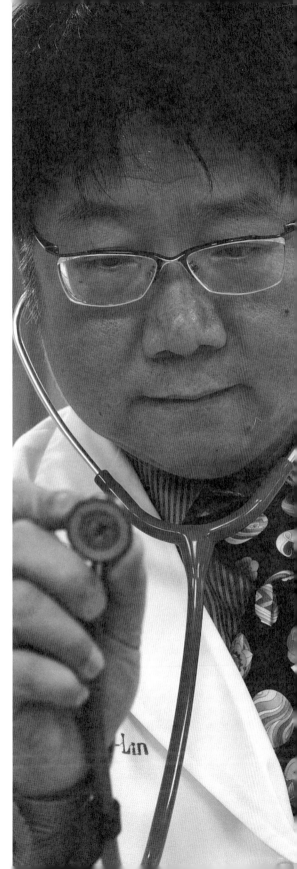

向前看，所有困難總有破解的一天。

——台灣先天性心臟病關懷協會理事長　陳豐霖

創意清廉 HiNet之父

曾濟深

　　曾濟深出身雲林縣西螺鎮富裕家庭。自小天資聰穎、冷靜仗義。他任職電信局四十二年，以創意、清廉及策略管理，完成多項電信建設的艱鉅任務，並因此被譽為「HiNet之父」。

小小貴公子

日據時代，曾濟深的祖父曾當郵務士，有積蓄後開了一家百貨店，然後成為公賣局推銷所，在雲林縣西螺鎮最繁華的延平路上（註1），有八間店面。曾濟深外公的父親是秀才，外公的祖父是貢生。外婆則是人稱西螺廖家的名門閨秀。

身為長孫，曾濟深於民國二十年誕生，從小無憂無慮、備受寵愛。只要祖父在家，總要曾濟深坐在他身邊用餐。由於祖父應酬太多，五十九歲時英年早逝。這年，曾濟深八歲，剛進入西螺公學校就讀一年級。

祖父走後，曾濟深的父親與叔叔分家。不想守著店面做小生意的父親，為了養育八個小孩，加上投資失利，幾年下來，變賣了不少田地房舍，家庭經濟漸漸不如往日寬裕。

曾濟深記得小時候家中每個大人都很忙碌，愛玩的他，只好往外公家跑。除了在文旦樹、龍眼樹間爬樹玩耍，曾濟深也開始迷上自己動手作東西。他找來紙板做出會跑的車、有動力裝置的飛機，更有各式各樣大小的模型，他都愛不釋手。令人不解的是，曾濟深的父母親把這些東西都藏了起來，原因為何，至今仍是個謎。

國中　熱愛動手做

曾濟深的父親是長子，祖父特別把他留在身邊幫忙家中生意，曾濟深的叔叔，則在 15 歲時被送往日本留學就讀日本中央大學法律

系。若不是祖父早逝，曾濟深受到祖父大力栽培，那是可以想見的。

　　從西螺公學校畢業後，曾濟深報考日據時代給台灣人就讀的「台南州立第二中學」光復後改為省立台南第一中學，於初中部畢業後，接著考上省立台南第一中學高中部（台南一中）。課業成績對他而言，一點都不難，倒是從動手做的過程中，曾濟深找到了對物理的濃厚興趣。

初、高中六年，離開家鄉西螺，就讀省立台南一中。

　　準備考大學了。曾濟深心目中的第一志願，是「台灣省立工學院」，也就是如今的成功大學電機系。

第一志願　成大電機系

　　民國三十四年日據時代結束，國民政府接收臺灣，當時最高學府只有四所，分別是臺灣大學、臺灣省立師範學院、臺灣省立農學院，以及臺灣省立工學院。（註2）

　　考取理想第一志願「台灣省立工學院」後，曾濟深如魚得水，每天讀書、做實驗，大學生活過得相當充實。

成績優異　電信局獎學金

　　為了鼓勵優秀學生，「台灣省立工學院」規定大學一、二年級學生，凡是總成績平均超過七十分以上，就能獲得獎學金，這正好紓解了曾濟深的經濟壓力。

　　到了大三、大四，曾濟深的家庭經濟更顯拮据，還好，他的成績高達八十分以上，符合電信局與學校合作成立獎學金的門檻，可以獲得高達九百元的高額獎學金。這個獎學金，全校電機系只有二個名額。曾濟深說，民國四十二、三年間，每學期九百元獎學金足以支付他生活費、學雜費等一切所需。獲得獎學金的優秀學生同時也獲得工作保障，畢業以後可以隨即到電信局報到。

「台灣省立工學院」就是如今的成功大學，曾濟深與同窗在實驗室實作演練。

岡山　空軍通訊學校

　　民國四十三年大學畢業，曾濟深接著到高雄鳳山的陸軍軍官學校報到，在預備軍官訓練班第三期受訓半年，之後分發到位於岡山的空軍通訊官校。

空軍通信官校分有線電及無線電軍官班共二班，曾濟深被分配到有線電的軍官班，接受電傳打字機的專科教育，並以有線電通信官班第二名的優異成績畢業。

電信局 42 載

曾濟深任職電信局四十二年（註3），對台灣電信事業貢獻很大。他精彩的職涯，大約可分五個階段。第一階段他從南區機線工務段副工程師、工程師、副

預備軍官訓練的馬上英姿

段長做到段長，最大貢獻是完成台澎海陸電纜的佈放。

第二、三階段，他先是擔任高雄電信局副局長，接著升任南區電信管理局副局長。他在這段期間展現效率管理及服務精神，大膽規劃推動「面對未來五十年電信發展的設局計畫」，並積極推動品管圈活動，成為電信局內的楷模單位。

第四階段曾濟深從高雄到台北，接任電信總局總工程司。這期間他完成了一件轟動大事，把北、中、南三區的 ISDN，完成互通。

　　第五階段，曾濟深升任數據通訊所所長（簡稱數據所），帶領各項業務飛快成長。這段期間他最令人讚嘆的成就是，展現策略規劃力及執行力，讓 HiNet 打敗所有競爭對手，成為台灣第一大網際網路服務供應商（ISP）。

基層做起　從線務到機線工務

　　民國四十四年八月二十九日，從預官退役的曾濟深，搭車來到台北，向電信局報到。這一年他二十五歲。氣溫酷熱的八月天，曾濟深被分配到電信局台北線務段實習，整整兩個月的時間都在熱爐旁邊，揮汗學習焊接銅線電纜的鉛工。

　　過去，需要挖坑、爬電線桿、拉電纜線的線務段工作，很少用到大學畢業這麼高資歷的人才。主管告訴曾濟深，為了提升線路施工與維護素質，電信局決定在線務段啟用高階人才。一年後，曾濟深被指派負責包括嘉義、台南、高雄、屏東在內的南區線務段任務。

　　民國五十年電信局改組，將線務、機務整合為一，全國分北、中、南、東，共四個「機線工務段」。曾濟深在「南區機線工務段」，從副工程師、工程師、副段長，做到升任段長。當時正值台灣推動「村村有電話」計畫，早期架設的明線，必須逐一改成電纜，並進行長途電路測試，曾濟深每天都很忙碌。

佈放台澎海陸電纜

　　民國五十七年，曾濟深督導日本與
台灣技術團隊，完成台澎海陸間的電纜
佈放，是他負責「南區機線工務段」的
重要任務，更是他永生難忘的一件大工
程。曾濟深完成嘉義到澎湖、澎湖到金
門的海底電纜佈放工程，接著又把嘉義
到雲林北港及三條崙，以及澎湖島內的
陸地電纜，逐一完成。

　　工程艱巨、任務重大，深具使命感
的曾濟深，忙得相當起勁。經常出差的
他有時不禁回想，當初報到被分配到機
線工務段時，內心曾暗忖這是一份吃苦

曾濟深民國 44 年到電信局報
到，隔年與嘉義名門林秀雲
女士成婚。

的體力活兒，沒想到這份工作不但很有長遠發展，而且也讓他有出
國深造的機會。民國 55 年、59 年、62 年，曾濟深三度被派往日本
及美國接受完整的海纜工程訓練，是台灣具備完整海纜工程專業中
的一人。

完成首次海纜維護訓練

　　海底電纜架設完成後，為了長期維護，受過完整訓練的曾濟深，

特別規劃電信史上首次的海纜維護訓練班，為台灣海纜維護工作奠定了重要基礎。當時台灣沒有海纜船，還好曾濟深腦筋動得快，他去租船進行「艤裝」（註4），改裝成可以修理及佈放電纜的船，讓大家可以實際演練。

當年台灣與金門的通訊只靠微波，即使加密也可能遭人破解，因此，唯有拉起有線的電纜，才能夠確保通訊安全。而這項影響深遠的工程，曾濟深正是關鍵性人物。

前瞻 20 年　大膽擘劃設局計畫

有些人看曾濟深作事劍及履及、不笑的時候有點嚴肅，因此對他心生敬畏。其實，他很願意也很能夠採納別人的建議，並展現驚人的執行力。

民國六十年初，曾濟深被擢升為高雄電信局副局長兼主任工程師。有一天，專做大型建設的高雄第四工程總隊工程師林森田就提醒曾濟深說，「有件重要的事，高雄電信局一直都沒做」。

第四工程總隊隸屬於電信管理局，屬中央單位，他們的任務就是為廣設在高雄各地的電信局，做建設工程。站在專業立場，他提醒身為高雄電信局副局長的曾濟深該做的一件大事是，「面對未來五十年電信發展的設局計畫」。

中華電信海底電纜佈放總圖

百萬用戶　設 25 個新局

　　曾濟深說，當時台北電信局、台中電信局比高雄電信局規模大得多，大家都還沒有提出設局計畫。但他認為這項建議很有建設性，因此很快就開會決議，動了起來。

　　當時高雄只有中央、鹽埕兩個電信局，此外，左營、林園、九曲堂、楠梓，這些地方雖有電信局的據點，但規模都還不大。幾經

思量，曾濟深從當時三萬戶左右的用戶規模，大膽提出用戶將成長到一百萬、需設立二十五個新電信局的成長計畫。這項大計畫，讓很多人都睜大了眼睛。

人口集中、具發展潛力的地點，就是曾濟深設置新電信局的目標。購地要花很多錢，但曾濟深清廉不貪，腳踏實地做事，一切努力都瞄準未來十五、二十年的長期發展。

南管局副局長　做事高效率

隨後曾濟深升任南區電信管理局（南管局）副局長，負責區域跨出高雄，增加了嘉義、台南、高雄、屏東，以及台東。這段期間，他積極推動業務電腦化，透過招標購入大批電腦。

有一天，辦公室來了一位年輕人，說要拜訪副局長。原來是剛創立宏碁電腦不久的施振榮，他特別到高雄拜訪曾濟深，感謝南管局採購了許多宏碁的電腦。

除了推動電腦化有成，曾濟深也積極配合推動工作簡化及品管圈（QCC）活動，全面提升服務品質。他親自出任局內推動工作簡化任務的召集人，短短一年內，就讓南管局榮獲行政院評定為推動工作簡化績效優等第一名。而南管局推動的品管圈活動，也出國參加國際性品管圈發表會，並獲得中衛發展中心金塔獎，開啟了電信局所有單位的風氣之先。

看到問題　主動出擊

　　有一天，曾濟深看見營業廳一條排得長長的隊伍，一問之下才知道，這是因為許多客戶忘了帶繳費帳單，只為了重印帳單，所以就必須到服務窗口排隊。

　　他想，應該讓客戶自己去按機器列印，不是比較有效率嗎？深入了解，原來帳務處理中心在台北，全省要補印帳單的人，都要連線到台北帳務中心拿單，資訊往返耗時，因此造成瓶頸。

　　曾濟深提出類似「公共資訊機」Kiosk 的概念，要求人員把帳務中心每天更新的資料，先行下載到南管局，以加速處理速度。協調時，台北帳務中心說由於資料量龐大，每次傳送都要一小時，他們實在沒有辦法配合。

　　細問後，曾濟深要求對方重新以快得多的 T1 數據專線重算時間，結果發現只需短短十分鐘。如此，南管局每天清晨，固定由專人下載台北帳務中心的資料，一舉解決了民眾排隊的困擾，不但人力精簡了，在工作效率及客戶滿意度上，也都提高了。

敏銳觀察　洞悉客戶需求

　　曾濟深升任數據所所長時，督導所屬規劃開發「台鐵語音訂票系統」及「慈濟語音服務系統」二項業務，讓數據所「增裕營收，績效卓著」，還因此獲電信總局記了大功。

「台鐵語音訂票系統」的開發，緣於曾濟深敏銳的觀察力。民國八十二年間，他擔任電信總局總工程司，周末搭台鐵往來台北與高雄家中，他看見辛苦排隊購票人潮，觸動了解決問題的靈感。

為了開發「台鐵語音訂票系統」，曾濟深主動拜訪當時鐵路局局長陳德沛，並為他進行簡報。簡報結束後，陳德沛對主動前來的曾濟深說：「謝謝你，這就是我們要的」！

擔任電信總局總工程司期間，曾濟深還做了一件相當轟動的大事，他把存在許久的北、中、南三區 ISDN 不能互通的問題解決了。原來三家不同廠牌的 ISDN 業者都說實在沒有辦法，但曾濟深態度堅決，促使廠商之間終於同意相互協調處理，這跨廠牌之間不能互通的問題，終於獲得解決。

幹勁十足　數據所所長

在民營化前夕接任電信總局數據通信所（簡稱數據所）所長，挑戰與壓力，都是空前巨大的。交接典禮上，監交人電信總局總視察林仕玲致詞時說，曾濟深必須做好行銷，帶領數據所衝刺營收表現，如果想開發新系統，還得先考慮是否有盈餘，力求穩健發展。

民國八十三年八月十八日，結束電信總局總工程司二年的職務，曾濟深升任數據所所長。上任首日，他展現十足幹勁，致詞時已揭示未來工作方針。他還說出很關鍵的一句話，「總局長指示，未來要行銷導向。我認為，行銷就是要先了解客戶的心聲。」

數據所新舊任所長交接典禮。左起前任所長賈玉輝、電信總局總視察林仕玲，新任所長曾濟深。

六個字　繫緊客戶的心

「了解客戶的心聲」，曾濟深提出以「廉」、「準」、「快」、「便」、「通」、「暢順」六字方針，處處為客戶設想，牢牢掌握客戶的心。

他主張電信服務應該物美價「廉」、精「準」計費，還要能夠「快」速回應客戶的需求。不但裝機快，停機也要快。

站在客戶的立場設想，他還提出手續簡「便」、更做到隨時隨地、老少咸宜、健障不分、都能使用到既「通」又「暢順」的電信設施與電信服務。曾濟深甚至嚴格要求，第一線面對客戶的服務人員，說話聲音要悅耳無雜音才行。

特殊貢獻個人獎

電信總局於民國八十五年舉行第十屆全區品管圈成果發表會，

會中頒發五個特別獎，唯一的「特殊貢獻個人獎」，就頒發給當時擔任數據所所長的曾濟深，其餘四個都是團體獎。

這項「特殊貢獻個人獎」表揚曾濟深對於品管圈活動長期的投入。他先是率領南管局做出好成績，影響所及，讓電信局其他單位也紛紛相繼投入。

特別是他在民國七十二年擔任南管局副局長期間，率先為南區電信管理局引進品管圈活動，並在民國七十三年七月，以及七十四年二月，陸續舉辦第一、二屆品管圈成果發表會，一開始就有八十五圈品管圈數，優異的成果，影響並啟動了整個電信局的品管意識。

政府行政效率　幕後功臣

數據所為我國各機關的行政資訊網路，提供了高效率的服務平台，曾濟深正是幕後重要的推手。

最早期數據所接受台灣省兵役處委託開發的「台灣省役政資訊網路」，成功串聯四百三十五個單位，大幅提升了全國役政資訊的管理效能。此外，全國健保系統醫療網路、公路監理電腦系統全國連線、地政網路等十多種行政資訊網路，也在曾濟深擔任數據所所長期間，陸續完成。

數據所所長任內，推動「台灣省役政資訊網路」建設有功，接受表揚。

提升服務品質　以客為尊

　　為了落實全體同仁「品質至上、顧客為尊」的服務態度，曾濟深推動的品管圈（QCC）活動，起步之後，就未曾停歇。從擔任南管局副局長時就辦得有聲有色，備受矚目，接著來到必須刺激業務成長、讓營運數字說話的數據所，他更是著力推動。

　　數據所的品管圈活動，辦得活力蓬勃，背後有曾濟深的兩項創新。其一是他打開數據所大門，公開舉辦品管圈發表會，歡迎外界前來觀摩指導，同時他也鼓勵同仁，到外界參加由別人主辦的品管圈活動，增長見識。其二是終結過去由數據所各室輪流負責的慣例，

品管圈發表會改由指定專責的承辦單位負責，曾濟深請准總局指示，改由企劃室固定承辦。

在電信業務由獨佔走向市場競爭之際，曾濟深率領同仁，建立以行銷為導向、以客為尊的態度，潛移默化中，讓大家都具備了正確的品質意識，也強化了市場競爭力。

HiNet 初登場　百萬雄心

曾濟深接任數據所所長時，正是 HiNet 業務從免費試用邁向商業化的階段。（註 5）當時大環境有多家網路業者同時競爭，曾濟深靠著差異化策略，以三部曲為 HiNet 打下根基。HiNet 能夠成為全國最大的網際網路服務供應商（ISP），業績蒸蒸日上，背後最重要的推手，正是曾濟深。

民國八十四年四月，HiNet 正式營運後，曾濟深就訂出五年內要讓用戶成長到一百萬的目標。這項看似不可能的任務，讓很多人不敢置信。事後證明，曾濟深以三大策略支撐的遠大目標，並非遙不可及，HiNet 果真在上市四年內就達到用戶百萬的成績。

主管曾憂心　衝過頭

在 HiNet 一周年慶祝大會上，電信總局局長陳堯看著 HiNet 成長的氣勢，大大稱讚曾濟深任事積極、有擔當，使數據所充滿活力。

但他也坦言，自己的確曾經擔心曾濟深「衝過頭」。

隨著 HiNet 在十個月內達成五萬用戶的目標，接下來幾個月，用戶數快速增為八萬、十萬，這才讓大家終於相信，曾濟深「五年一百萬」的雄心壯志，不是隨便說說的。

一部曲：更寬、更快、更便宜

分析「HiNet 之父」曾濟深打造 HiNet 贏的策略，可分為三部曲。首要關鍵就是讓用戶體驗到更寬、更快、更便宜的網路環境。

首先，他把數據所的網路骨幹升級。台灣通往美國的頻寬升為 T1，傳輸速率變成原本 64K 專線的 24 倍。國內的骨幹則升級到 T3，等於是 28 條 T1 線。把頻寬加大，意味著上網速度可以飆得更快，這是吸引客戶的關鍵之一。（註 6）

其次是價格。曾濟深發現當時電信局已有十六個話價區，但網路節點（node）卻只有六個。不在節點上的用戶要利用 HiNet，還要加收長途話費，曾濟深覺得這不合理，於是一律將上網費改成新台幣一元。

針對上網的月租費，曾濟深也主張調降。他「擺著錢不賺」的做法，連屬下都感到困惑。曾濟深對屬下解釋說，這樣做是有意義的，唯有價格親民，才能吸引更多人來使用 HiNet。

二部曲：廣納學術網路用戶

　　上網價格再怎麼便宜，還是有人只用免費的學術網路。曾濟深研究出很多人為了省錢，紛紛想辦法連上大學的 TANet 學術網路，先連往美國，再跑回台灣。於是，他決定主動出擊。

　　他對 TANet 用戶提出邀請，讓他們連上 HiNet 上網免費！如此一來，TANet 用戶首度從 64K 專線的龜速經驗，體驗到快速上網的樂趣，很多人因此成了 HiNet 的新用戶。

三部曲：國際網絡　直接串聯

　　過去台灣網民如果要連上日本、新加坡、香港、菲律賓等網路，必須先連到美國再跑回來，曾濟深認為這是沒效率的事。於是他積極地跟全世界談合作，讓 HiNet 與世界各國的網路，直接串聯。

　　曾濟深不但擅長策略規劃，而且還很有經營頭腦。他與各國電信業者談合作時，遇上有人要求連線要收錢，他就會說「收錢免談」。最後談到理想的結果，都是平等互惠的合作模式，也就是在各自的國度中「你收你的，我收我的，我們兩個互連這一段不收錢」。

　　經過這樣的努力與佈局，曾濟深終於穩固了 HiNet 的競爭優勢，把最大的競爭者 SEEDNet 遠遠拋在身後。

　　隨著日本電信 NTT DOCOMO、新加坡電信 SingTel、香港電訊

新加坡電信公司總裁李顯揚（右四）參觀數據所，所長曾濟深（左三）熱誠接待。

HKT、澳大利亞電訊 Telstra 等電信業者，都加入了直接串聯的合作
計畫，曾濟深也開始把 HiNet 的品牌形象定調，並強調 HiNet 的 H 及
N 都要大寫。

中華電信 HiNet 之父

電信局於八十五年七月一日改制，新名字是「中華電信股份有
限公司」，而數據所的新名字是中華電信公司轄下的「數據通信分
公司」。

中華電信致贈「HiNet之父」匾額給曾濟深 (86.1.16)

　　原任數據所所長的曾濟深，在中華電信公司新的組織架構中，新職稱是數據通信分公司「副總經理」（現已改成「總經理」）。

　　改制後隔年，曾濟深屆齡退休。在他精彩豐富的四十二年公職生涯歡送會上，中華電信特別致贈一面「HiNet之父」匾額，表彰曾濟深成功推動 HiNet 普及全民的貢獻。

創意、清廉、堅持

　　媒體多次報導曾濟深創意、清廉、固執。他的創意展現在工作上，給自己也給團隊帶來驚人的動力。他的清廉不貪，更是形象鮮

明。也許是這樣剛正不阿的態度，讓人覺得他幾近固執。

曾濟深看自己，他說，「我不是固執，是有所堅持」。例如他堅持不貪、不收禮，每回有人送禮，總是苦了曾太太。客人離開後，曾濟深就會查明地址，請太太替他把禮物親自送回去。曾濟深說他「可以給別人好處，但絕不圖利自己」。

曾濟深也堅持不接受關說。有一回，他剛批准了一個助理員升班長的公文，就接到一封為這名助理員美言的介紹信。曾濟深於是收回已經批准的公文，取消了這個人的升職。曾濟深認為，「有辦法的人就展現實力給我看，為什麼還需要介紹信？」

開會重效率

善於學以致用，是曾濟深的另一優點。他把從政治大學學來的管理課程、美國人來推廣的在職訓練 TWI 課程（Training within Industry），都實際應用到工作上。

以開會為例，曾濟深開會重在解決問題，極有效率。在他擔任數據所所長任內，大家都知道跟所長開會，只需要一小時。

曾濟深要部屬開口報告，不要他們花時間唸書面資料。他總是說，「書面資料我會看，你講你工作上碰到甚麼問題」。而他總是能在會議上，就把問題解決。

與金門淵源深

　　曾濟深對金門特別有感情。他除了負責為金門的烏丘、澎湖、東沙、南沙、東港的小琉球等地佈放並連結海底電纜外，民國七十二年六月，國內第一條聯島海纜，亦即大小金門市內電話海底電纜佈放工程，也在他任內完成。

　　大小金門海底電纜佈放完工前夕，不幸遇上一場墜機空難事件，飛機機身插入海中，搜救相當困難。正在準備佈放電纜的臺撈八號船主動參與救難。臺撈八號船接到電信主管徵召，馬上投入支援搶救的工作完成使命。那場空難事故，罹難者多達四十七人。在曾濟深規劃及督導下，南區電信局工程團隊一方面寫下完成國內第一條「自製自佈」海纜的紀錄，另一方面也留下緊急應變，全力協助救難的事蹟。

　　金門終於有了公用電話，滿足了阿兵哥們的通信需求。曾濟深記得，金門的公用電話每年可以締造新台幣八千多萬元的盈餘，對電信局來說，可說是宗好生意。後來，還有一件事，讓曾濟深知道了很感欣慰。聽說，金門自從有了公用電話以後，阿兵哥們的兵變及自殺案件，都明顯降低了。

人生觀

　　曾濟深做事講究效率、開會精簡、堅守不收禮、不關說的鐵律，讓很多人對他又敬又畏。談起人生觀，他說，自己常想的是「人正、

曾濟深與夫人及子女全家福

心正、言正、術正、行正」，期許自己一生都行正道。

　　從小，曾濟深就喜歡看武俠小說，練就一副俠義心腸，他說，
「我看到人家被欺負，就會很不高興」。他認為只有「奮鬥服務」，
才能獲得幸福快樂的生活。他強調，唯有奮鬥才能克己、達己、推
己。唯有服務，才能及人而達人。

影響年輕人

　　公職四十二年，曾濟深平均每年都受到表揚與記功。在榮耀時
刻，曾濟深總是覺得，應該感謝他的工作與環境帶給他各種考驗，

讓他有機會想辦法解決問題、服務人群。

他認為能夠影響年輕人的關鍵,就是身教。在探索人生的道路上,曾濟深自覺比別人幸運。所學、所做都是自己有熱情、有興趣的事。他也常說,「塞翁失馬、焉知非福」。剛踏入電信局,他能夠咬牙吃苦從機線工務段做起,正是他能夠成為台灣海底電纜專家第一人的契機。

機會來時,常常同時考驗一個人的品行、智慧與學養。曾濟深展現清廉不貪的形象、有效解決問題的執行力、以及因應市場變化的策略佈局,歸納於一,最珍貴的是,他那顆服務人群的心。

(註1)當年是台南州虎尾郡西螺街

(註2)台灣省立工學院的前身是 "總督府台南工業專門學校",成立於民國 20 年(昭和 6 年;1931 年)。

(註3)曾濟深從民國 44 年 8 月 29 日進入電信局,到 86 年 1 月 16 日退休,任職 42 年。

(註4)「艤裝」的「艤」,唸作「西」,是改裝一般船隻使其適合作海纜工作船之用。

(註5)數據所的 HiNet 業務,從八十三年四月一日推出試用一年,八月曾濟深接任數據所所長時,試用戶僅有一千二百名上線。八十四年四月一日 HiNet 正式營運,從此進入商用服務階段。

(註6)網路線使用 T 載波技術,依頻寬大小,可分 T1、T2 與 T3 三種。一條 T1 線的速度約為 1.544Mb/s,意思是每秒可以傳輸 1,544,000 個位元。一條 T2 線等於 4 條 T1 線,一條 T3 線等於 28 條 T1 線。頻寬比較小的網路線,較初級的有 28.8K、64K、128K、256K 與 512K 等。

奮鬥、服務，才能獲得幸福快樂的生活。

——中華電信 HiNet 之父　曾濟深

曾繁城

藝術心築
人生盛宴邀您入場

醉心歷史詩詞，卻把大半輩子奉獻給半導體產業。2014 年「潘文淵獎」肯定他貢獻產業、率領台積電成為世界一流企業的終身成就。2001 年起，他擔任台積電文教基金會董事長，成了一場又一場心靈盛宴的幕後推手。

打開　感性開關

多年以前，台積電文教基金會每星期有一個晚上，邀請台灣大學中文系方瑜教授，到誠品新竹店講授宋詞。這堂課，喚醒了許多腳步匆忙的竹科人，以及在新竹工作與生活的人，內心感性的一面。

方瑜教授總是能把學生一路帶進作者的心靈深處，讓人一方面為蘇東坡的職場不得志而惋惜，但另一方面也從他身上學到，靠著好友、詩詞筆墨、美食廚藝，日子還是可以過得有滋有味，人生價值也沒有因此顯得黯淡。

每一位參加這堂講座的聽眾，還收到一本精心製作的宋詞集錄，細心體貼的程度，簡直令人感動。為什麼願意做這樣的事呢？台積電文教基金會董事長曾繁城說，這是社區營造的一部分。

古蹟活化

回顧 1998 年初，當時擔任台積電副總經理的陳國慈認為，台積電的營運已打下第一個十年基礎，接下來，應該以格局更大的國際級企業自許，為社會多做點事。所以，在台積電董事長張忠謀的支持下，創立了以人才培育、社區營造、全國藝文推廣為宗旨的「台積電文教基金會」。（註 1）

2000 年，台積電文教基金會贊助「前美國駐台北大使官邸」修復工程，讓荒蕪多年的古蹟，以「台北光點」的新風貌重生。此外，

在同一年，基金會也認養龍潭的「聖蹟亭」，讓年輕學子追懷先人如何惜字，不容字紙遭任意踐踏，必須集中焚燒，以示崇敬。

曾繁城表示，基金會贊助「光點台北」計畫後，如今已被經營成一個以電影文化為主的藝文空間，發展得很好。另外，孫運璿故居由台積電文教基金會及其他企業共同贊助修復後，「孫運璿科技人文紀念館」也於 2014 年十月底開館，提供各界參觀。

科技人才　國際交流

學法律的陳國慈，從專業眼光看台灣的科技界，發現能夠既懂科技、又懂法律的人才，實在太少。她與清華大學以獎學金計畫，支持科技人才出國讀法律，希望藉此為台灣培養智慧財產權的菁英。後來這項計畫更擴大成為國際交流獎學金，支持學生出國交流、開闊眼界，範圍除了科技法律、也涵蓋科技管理及其他領域。

2001 年，曾繁城從世界先進回任台積電副總執行長，並接下台積電文教基金會董事長職務，繼續推動心靈饗宴與人才培育的工程。

自掏腰包　設文史講座

喜歡文史的曾繁城，在 1996 年擔任世界先進總經理時，就曾自掏腰包，邀請著名哲學家與漢學家辛意雲教授到公司講授史記及莊子。很多當時聽過課的主管，都對自己受影響的程度感到驚訝。

喜歡閱讀的曾繁城

有人覺得壓力被舒緩、有人說思考被啟發，甚至有人認為自己的人生態度，出現轉變。

有人問曾繁城，科技人的背景加上人文素養，可以激盪出什麼？他說，他只是想要人生愉快，看看能不能留下對大家有點幫助的事。

2003 啟動　兒童美育之旅

有一回，曾繁城在日本京都參觀廟宇，遇上一群正在聽老師解說的日本小學生。他心想，自己小時候如果也能有這樣的機會，那該多好啊！於是他著手推動兒童美育之旅，讓小朋友，特別是偏遠地方的學童，能有機會參加。「台積美育之旅」從 2003 年啟動之後，一直推行至今。

台積美育之旅多年來安排包括偏遠地區學童在內的兒童，到各大博物館及美術館參訪。帶小朋友出門，可說是項大工程。考量到花東與偏遠地區的小學生沒有機會到台北參觀博物館、美術館，台

台積美育之旅，已帶領近八萬名偏鄉兒童參觀故宮博物院、台北市立美術館、地方古蹟與年度特展。

積電文教基金會不但全額負擔食宿、交通及平安險費用，而且在參觀前還播放禮儀短片，教導小學生們當個有禮貌的小客人，每年約有一萬名小學生受惠。

一位參加過第一屆兒童美育之旅的小女孩，八年之後回憶當年，覺得那樣的參觀經驗，真是既新奇又美好的回憶。她說自己最大的改變是，從此喜歡進入博物館參觀。

2009 年，台北美術館提出在館內興建「兒童藝術教育中心」的

計畫，隨即獲得台積電文教基金會的認同。2013 年春季，雙方一起發表這項計畫。2014 年由雙方共同出資的兒童藝術教育中心完工，並於兒童節這天正式開幕。

人文紮根

　　文學，不但抒發創作者的內心情感，同時也能展現特定時空環境下的生活，具有極高的精神與文化價值。2000 年，高行健因小說「靈山」等著作獲得諾貝爾文學獎，12 年後，華人第二位諾貝爾文學獎得主莫言，則在他的著作「唯一一個報信者」中寫道，「一個作家，一輩子只能幹一件事：把自己的血肉，連同自己的靈魂，轉移到自己的作品中去」。

　　為了鼓勵青年學子重視文字的價值、從事文學創作，提昇社會整體的文學素養，台積電文教基金會分別從 2004、2008 及 2011 年起，啟動三項人文紮根工程。

2004　高中生文學獎

　　「台積電青年學生文學獎」是台灣唯一為高中生量身打造的文學獎，由台積電文教基金會與聯合報於 2004 年起共同舉辦。2014年 10 月第十一屆頒獎典禮，北一女蔡幸秀的短篇小說「河上光」，以及南崁高中鄭琬融的詩作「傀儡的父」，分別獲得小說組及新詩組首獎。

與聯合報副刊合作的「台積電青年學生文學獎」，鼓勵高中生的創作天賦，為文壇培育新星。

　　曾繁城在頒獎典禮上表示，他看到今年不少獲獎文章中融入社會批判，這讓他更加堅信，「年輕人是台灣未來的希望」。

2008　書法競賽

　　與中國時報共同報舉辦的「台積電青年書法暨篆刻大賞」，2014 年已邁入第七屆。這個競賽的創立動機，其實是源於曾繁城跑步時，無意間撞見的一幕。喜歡跑步、爬山的他，有一回跑經一所國中走廊時，赫然察覺映入眼簾的學生書法「有許多待加強的空間」，回家之後就開始想，應該做點什麼事。

大約也在那段期間，曾繁城結識了書法藝術家董陽孜，讓他更加體會，書法除了能讓人學會平心靜氣、冷靜思考外，更能培養每個人對美的體悟與感受，是華人世界最珍貴的傳統之一。

2011　中篇小說獎　鼓勵新世代創作

除了六百字以內的新詩、五千字以下的短篇小說之外，曾繁城也想鼓勵篇幅再長一點的中篇小說創作。於是 2011 年起，委託 INK 印刻文學生活誌規劃執行「台積電文學賞」，歡迎創作者以六到八萬字的中篇小說參賽。

第一屆「台積電文學賞」吸引了台灣、大陸、香港、馬來西亞等地的百篇稿件角逐，正賞得主是生於一九八四年的柳丹秋，副賞則由一九八三年次的連明偉獲得，兩個人都不到三十歲。

兩年後，第二屆的「台積電文學賞」由三位大陸青年創作者獲獎。首獎得主是生於一九八六年的江蘇人費瀅；二名副賞得主分別是生於一九八一年的回族青年馬恒臻，以及說自己生於盲年、產地天津的楊君寧。

白先勇　崑曲新美學

曾繁城從小就喜歡白先勇與張愛玲的作品。透過董陽孜的介紹認識了白先勇後，還邀請他到新竹演講。有一天，白先勇提起他想製作崑曲的構想。

正巧當時曾繁城初次欣賞了一場浙江崑劇團的演出,對崑曲之美極為欣賞。所以,對於白先勇製作青春版牡丹亭的計畫,馬上給予個人贊助。在台灣、香港與北京友人的資助下,白先勇的崑曲創作計畫從 2002 年啟動。

2004 年,白先勇製作的「青春版」崑曲《牡丹亭》,把中國浪漫文學帶到觀眾眼前,獲得極大轟動。

　　白先勇說,在牡丹亭中,原著湯顯祖「給予愛情最高的禮讚。愛情可以超越生死、衝破禮教,感動冥府朝廷,得到最後勝利」,「是一部有史詩格局的殉情記,上承西廂,下啟紅樓,是中國浪漫文學傳統中一座巍巍的高峰」。(註2)

為古典加上創新

　　白先勇的「青春版」崑曲《牡丹亭》在劇本彙編上,獨創「夢中情」、「人鬼情」、「人間情」的三本架構。在演員方面,則發掘了蘇州崑劇院的新秀沈豐英、俞玖林擔綱演出,同時還說服二位名師汪世瑜、張繼青傾囊相授。終於,在兩岸三地合作下,成功打

造出一場崑劇新美學的盛宴。

2004 年 4 月起，「青春版」崑曲《牡丹亭》在台北國家戲劇院演出後，也應曾繁城之邀，在台積電文教基金會贊助下，到新竹演出一場，造成極大的轟動。隨後劇團展開全球巡迴演出，在美國的演出，更場場爆滿。幾年後，白先勇製作的《新版玉簪記》，也再次獲得曾繁城個人資助，並於 2008 年展開世界首演。

崑曲之後，曾繁城也接觸了京劇及豫劇。多次邀請國光劇團及台灣豫劇團至新竹及台南演出經典劇作。同時，曾繁城對於新世代的戲曲創作者亦十分關注，如改編「快雪時晴」的劇作家施如芳甚得其欣賞。

春三月　心築藝術季

談到社區營造，曾繁城說，台積電文教基金會希望透過文學、音樂、戲劇等活動，與社區民眾共享藝術之美，不要只埋首科技或工作。

2003 年起，「台積心築藝術季」每年從三月到七月，在新竹、台中、台南三地，舉行數十場精緻的展演活動，而「心築」二字，則是前任基金會執行長郭珊珊的點子。

喜歡閱讀的曾繁城，書櫃分別有一排排白先勇、張愛玲、余光中的書，此外，還有 2012 年剛獲得諾貝爾文學獎的莫言的著作。

聊起某夜在清華大學，余光中先生朗誦詩作，讓全場如癡如醉。

「台積心築藝術季」長期在台積電所在社區的新竹、台中及台南舉辦。內容包括古典音樂會、戲曲演出、兒童偶戲及文學講座。

曾繁城說，「我喜歡聽他讀詩，他讀英文詩又更好聽」。不久前，基金會也邀請余光中先生到成功大學演講，並播映文壇大師紀錄式文學電影「他們在島嶼寫作」，反應十分熱烈。（註3）

紮根科普教育

　　台積電文教基金會也支持「吳健雄學術基金會」及「吳大猷學術基金會」，共同為培育科技人才而努力。吳健雄科學營，每年暑假招收高二、高三、和大一學生近百人。而吳大猷學術基金會除了為升大四及研究所的理工科系學生舉辦科學營外，從2002年起，還每兩年評選一次「吳大猷科學普及著作獎」（簡稱吳大猷科普獎）。（註4）

此外，曾繁城也支持熱心的台灣師範大學物理系林明瑞教授，於每年寒、暑假，為全國高中物理老師，精心設計進修計畫。林明瑞同時兼任吳健雄基金會執行長及亞洲物理奧林匹亞委員會會長，他精深設計，將實驗器材與技巧融入進修課程，同時也獲得教育部支持。

台積二十　歡樂頌

曾於 2005 年及 2011 年贊助「柏林愛樂交響樂團」在台灣演出的台積電文教基金會，於 2007 年，台積電二十周年慶時，大手筆

曾繁城（右）與柏林愛樂交響樂團指揮賽門‧拉圖 Sir Simon Rattle

呈現了一場音樂饗宴。

　　那一年四月底，全球近千名客戶、供應商代表受台積電之邀來台，蒞臨國家音樂廳，欣賞「倫敦交響樂團」的精彩演出。喜好古典音樂的台積電董事長張忠謀，特別選了貝多芬第九號交響曲，希望在「歡樂頌」天籟聲中與大家共同迎接下個二十年。

登山解壓　填詞托情

　　早期尚未體會登山樂趣的曾繁城，對爬山甚至有點嫌惡，總覺得那是浪費時間。豈知 1986 年開始爬第一座百岳「中雪山」之後，他竟踏遍台灣半數百岳，還被山友們譽為「登山界的老奇葩」。

　　台積電創業後，以 13 年的時間，將技術能力追上國際大廠。負責技術管理的曾繁城說，在工作很忙、壓力很大、而良率還不夠理想的時候，他就去爬山。他認為，爬山的確可以紓解壓力，是項相當好的運動。

　　至於填詞，曾繁城則謙稱自己的作品是山水詩，不像人家是感情詩。雖然他的第一首作品「如夢

曾繁城疼貓愛狗

令」，的確是在打球之後隨興寫景，但讀過他以「蝶戀花」餽贈新人、「西江月」緬懷老友、「江城子」紀念愛貓等作品的人，都會被字裡行間的真摯感情，深深打動。

2012年，台積電二十五周年，他填了一闋「水調歌頭」。開頭以「昔有鴻鵠志，展翅上青天」點出台積電登上世界級的高度，下半闋則隱喻面對英特爾與三星，還要「西洋博豹、北洋擒狼」，「高山再登攀」。

漢字之美

目前學校課表上，已經沒有書法課。有些家長認為，孩子們學英文、電腦，比練習書法來得重要。然而，台積電文教基金會舉辦的書法比賽，卻引起極大的迴響。

台積電文教基金會主任許峻郎表示，大家對「台積電青年書法暨篆刻大賞」的反應相當好。很多人

與中國時報人間副刊合作的「台積電青年書法暨篆刻大賞」，以競賽及創意工作坊的方式，吸引年輕世代體會中國文字之美。

甚至呼籲應放寬參賽資格，讓比賽規模更加擴大。而為了讓更多學生輕鬆接觸書法，基金會除了舉辦競賽活動，也到各高中輪流舉辦活潑的創意書法工作坊。

　　談到漢字，曾繁城發現，如今中國也十分重視下一代對漢字的認識。多年前首訪黃山的他，曾許願至少要七訪黃山，領略黃山的各種風貌。2013 年底，為陪伴昔日工研院的老長官史欽泰，他八訪黃山。此行，書法寫得甚好的史欽泰，特別選購了兩套毛筆。而曾繁城則看到「中國漢字書寫大賽」及「漢字英雄」電視比賽節目，大受歡迎。

　　回想以前在工研院電子所，跟日本沖電氣工業（OKI）做生意，遇上年紀稍長的日本人，曾繁城常寫漢字和他們筆談，沒想到效果出奇地好。日本人極愛「風林火山」四個字，更喜歡讀了好些日本小說的曾繁城和他們聊武田信玄。雙方的距離，一下子就拉近許多。

　　韓國人對漢字的重視，也讓曾繁城印象深刻。有一回，曾繁城以創意電子董事長身分拜訪韓國，餐敘時，就應某位三星電子副總經理之邀，把自己填的詞抄寫下來，送給對方。曾繁城聽林懷民提過，韓國對書法極為珍視，果真，韓國書法博物館已於 2008 年 10 月正式開幕。

　　與中國時報人間副刊合作的「台積電青年書法暨篆刻大賞」，以競賽及創意工作坊的方式，吸引年輕世代體會中國文字之美。

積極延攬人才

回顧歷史，建國、強國之道，首重舉賢納才。80 年代，海外學人很少願意回台灣，對於晶圓代工的前途並不看好。但曾繁城堅持，為了技術自主，讓技術迎頭趕上，研發人才一定要從外國找人。終於，第一批大將，蔡能賢、林茂雄、林坤禧、蔡力行。在 1989 這年，向台積電報到。

曾繁城還記得，遊說蔡力行加入台積電始於的 1987 年，當時台積電成立不久，遊說沒有成功。後來他們又在日本京都 VLSI 技術論壇重逢，這回曾繁城把握機會，熱誠招待蔡力行夫婦晚餐，把遊說重點放在蔡力行夫人身上，才終於成功。曾繁城笑說，這讓他體會到，要延攬人才，關鍵是先說服他的太太。

找到人才、放對位置，是很不容易的事。曾繁城為台積電延攬許多人才，為公司的成長，帶來驚人的力量。後來還有林茂雄、陳遠台、蔣尚義及左大川等人，也因曾繁城力邀，而加入台積電。

曾繁城透過大學同屆同學邱光一，認識了蔣尚義後，於 1997年成功說服他加入台積電。從此蔣尚義率領研發團隊從四百人擴大到近八千人，不但達成自主研發的目標，更把技術水準推上世界一流水準。（註 5）

高手雲集　技術殿堂

曾繁城說，當年在工研院做研究時，自知技術仍落後國際水準，

所以，每年半導體產業的兩大「武林大會」，國際電子元件會議（IEDM）及超大型積體電路技術研討會（VLSI Symposium），分別在五月及十二月舉行，他都很認真參加。

IEDM 早在 1955 年起，由國際電機電子工程師學會（IEEE）每年輪流在美國東、西岸舉辦，到 2014 年已屆六十年，是半導體人士心中最權威的技術聖殿。而 VLSI Symposium 則在日本教授 Shoji Tanaka 以及美國教授 Walter Kosonocky 號召下，於 1981 年開始舉行。

曾繁城到這兩大高手雲集的現場去聽技術專題演講，觀察技術先進公司的研發腳步。這樣的場合，也讓他直接或間接，遇見人才，並延攬加入台積電。

1983 年，史欽泰率領工研院與 IEEE 合作，在台灣打造國際技術交流的殿堂，促成第一屆「VLSI 國際技術研討會」舉行。他還邀請到重量級人物，電腦大師 Bob Evans 到台灣演講，一舉打響研討會的國際知名度。從此每年有來自全球近千名半導體界菁英，到台灣發表研究成果，並進行技術交流。曾繁城說，這項國際級的技術論壇，台積電每年都鼎力贊助。

追求技術自主

曾繁城說，要讓技術大幅度躍進，最大的挑戰是，必須掌握相關知識、勇於投資新設備，並且還要有訂單支撐。長期負責技術管理的他，為了將晶圓代工做到極致頂尖，訂出追求最大產出、高良

張忠謀帶領台積電，在「經濟、環境與社會」三個構面的永續表現上，冠居全球。

率、讓客戶覺得物有所值、準時交貨，以及追求時效等五點精神。

　　在邁向先進的 0.13 微米製程之際，台積電曾在關鍵時刻，拒絕
IBM 的合作提議。談起當年這個讓很多人膽戰心驚的決定，時任台
積電總經理的曾繁城說，最主要是如果依約把研究團隊通通搬到美
國，技術不能自主。

　　拒絕 IBM 的同時，台積電也與半導體設備廠商應用材料公司
（Applied Materials, Inc.）合作，開發名為黑鑽石（Black Diamond）

的化學氣相沉積設備。曾繁城與蔣尚義研究後，確信該項設備的新技術可以支援 0.13 微米銅導線製程。此外，曾繁城也和應用材料公司約定，機器開發完成後，必須讓台積電先用，半年之後才能賣給其他公司。

曾繁城說，技術自主是一條漫長的路，途中有許多層出不窮、極為嚴峻的考驗，幸好有張忠謀董事長的支持，大力投資研究發展，靠著持續的堅持，才終於讓台積電晉身世界級水準。

因人管理

從技術管理到經營決策，曾繁城總認為「管理是一種藝術」。他說「怎麼管都可以，只要成果是好的，那就是好的管理」。

不同於其他晶圓廠將光罩製作委外製作，台積電在公司內部，設立自己的光罩部門。如今這個部門不但績效顯著、獲利驚人，而且展現策略性戰略的成果，成為全球半導體產業的傳奇。曾繁城當年以「只有自己做光罩，才能縮短交期，提供客戶更好的服務」，讓張忠謀欣然同意他的提議。

為了成立光罩部門，曾繁城從工研院找來王嘉章。除了每月會談，了解工作進度外，曾繁城並給予王嘉章最大的支持與信任。曾繁城說，這是「因人管理」。如今台積電已做到客戶送件當天，就能完成光罩製作，比起以前委外製作要一個星期，時效上好很多。

2013 年，曾繁城獲得第七屆「潘文淵獎」後，與夫人合影。

潘文淵獎　終身成就

　　2013 年底，潘文淵文教基金會公布頒發第七屆「潘文淵獎」給台積電副董事長暨創意電子董事長曾繁城，另一位得獎人是怡和創投暨中磊電子董事長王伯元。

　　這個獎項表彰曾繁城率領台積電技術團隊並建立生產績效。潘文淵文教基金會董事長史欽泰，推崇曾繁城投身半導體產業 40 年，帶領台積電成為世界級公司，進而提升台灣半導體產業的國際地位。

　　台積電董事長張忠謀是第二屆「潘文淵獎」得主，曾繁城對於

自己也能獲獎，頗感意外。他覺得自己運氣好，隨著工研院創立，以及台積電誕生，才能讓他有機會全心投入半導體產業。

曾繁城覺得李國修的父親說，「人一輩子能做好一件事，就是功德圓滿」，這句話真的很不錯。他說，幸運的自己遇上機會，唯一能做的，「就是很認真去做」。

專注　一心為客戶設想

曾繁城說，台積電專注晶圓代工，自己不做 IC 設計，可以避免客戶產生疑慮。其次，是為客戶打造良好的生態系統 (Ecosystem)，提供客戶在此環境下，以最高效率，完成新產品的設計。2000 年，台積電製程進步到 0.18 微米，已與德州儀器 (TI)、摩托羅拉 (Motorola) 並駕齊驅。接著在 0.13 微米銅製程推出後，從此攀登頂尖之列。

這個里程碑，恰與台積電從 2001 年起，年年入選道瓊永續性指數 (DJSI)，不謀而合。該指數評比企業在經濟、環境與社會三個構面的永續表現。2014 年，台積電二度蟬聯，再度被 DJSI 選為「半導體及設備」行業團體中的總冠軍。（註 6）

成大、交大、工研院

少年曾繁城，聽從父親的意見，放棄自己喜歡的文史科系，考取成功大學電機系。讀了二年實在沒興趣的他準備重考之際，卻又被父親勸阻下來。

　　成大畢業，曾繁城接著報考交大電子研究所，畢業後先在萬邦電子工作三年，隨即於 1973 年 9 月，加入剛成立三個月的工業技術研究院（簡稱：工研院）。曾繁城說，如果工研院再晚一點成立，他可能已到德州儀器(TI)任職了。終究曾繁城還是選了工研院，主因是他聽說，這裡有專家要帶領年輕人，為國家產業基礎一起奮鬥。

　　這位專家，就是工研院首任董事長兼院長王兆振。1974 年，他和當時的經濟部長孫運璿、交通部長高玉樹、行政院秘書長費驊、海外學人潘文淵、電信總局局長方賢齊和交通部電信研究所所長康寶煌共七人，首度敲定半導體工業為台灣的前瞻工業。

培養好　學習的習慣

　　1976 年春天，曾繁城被派往美國 RCA 受訓，成了國家栽培的第一批半導體種子人才。直到 1987 年，他才離開工研院，加入剛成立的台積電至今。

　　曾繁城很多大學同學畢業後到美國，都往電力領域發展，唯一做半導體的是同班同學段行迪。但他專注 DRAM，和曾繁城專注半導體製程技術，發展方向並不相同。

　　曾繁城總是說，當年成大電機系的同學李弘祺「勇敢」。從台南一中保送成大的他，和曾繁城一樣喜愛歷史。在確定自己不喜歡電機系之後，李弘祺毅然重考。李弘祺後來成了知名的歷史學者，

曾任交通大學人社院院長及清華大學歷史研究所講座教授。

　　對於終身學習，台積電董事長張忠謀強調有目標、有系統、有紀律。但曾繁城說，年輕人最重要的是把學習的習慣培養好，偶而隨興一下沒有不好，如果能夠找到就業後還能持續下去的興趣，人生也許會更有趣一點。

支持孩子 找到志向

　　曾繁城的父親從事軍職，因逃難來到台灣。由於看不慣軍中有些同僚貪汙，五十幾歲就退休在家清苦過日子。所以，父親希望曾繁城讀理工科，他認為工程師比較容易找到工作。而曾繁城，也依了父親的心願。

　　對於自己的兩個孩子想選什麼樣的路，曾繁城則是完全沒有意見。他只對孩子說過一句，「要唸什麼都可以，就是不要唸半導體」。因為曾繁城覺得做半導體太辛苦了，他希望孩子們能做一點自己喜歡的事情。

　　他的兩個孩子，分別在日文及數學找到志趣。女兒喜歡日文、勤於學習，曾繁城說，「她對語言還滿通的」。至於兒子，則在志向的探索上，有過一番轉折。

　　曾繁城說兒子小時候，看了電視報導心生崇拜，就說長大要做心臟外科醫生，還曾央求媽媽幫他從市場買豬心回家，練習解剖。

但到了高中，他卻決定要唸數學，並積極地到清大與台大旁聽，把微積分都讀完了。

兒子改變志向，曾繁城也覺得很好。他心想，走數學的路也許未來清苦一點，但身為父親的自己，必要時應該可以支持他一下。如今，兒子與媳婦都在美國俄亥俄州立大學任教，一個教「應用數學」，一個教「理論數學」，二人在數學的路上，都發展得很好。

（註1）2004 年起基金會發起贊助「台積志工社」，2010 年起由張忠謀董事長夫人張淑芬女士擔任台積志工社社長。

（註2）出自台灣大學「白先勇文學講座」-崑曲新美學，白先勇主講內容。

（註3）童子賢先生贊助拍攝的「他們在島嶼寫作」，由目宿媒體的陳傳興教授規畫、台灣六位知名導演執導，於 2011 年完成周夢蝶、余光中、楊牧、鄭愁予、林海音、王文興等作家的紀錄片。

（註4）2014 年「吳健雄學術基金會」舉辦第 17 屆吳健雄科學營；2013 年，「吳大猷學術基金會」舉辦第七屆「吳大猷科學普及著作獎」。

（註5）蔡力行任職台積電 25 年，2014 年元月出任中華電信董事長。蔣尚義 1997 年加入台積電，2006 年首次退休，2009 年回任領導研發團隊，於 2013 年 10 月 31 日退休。

（註6）在金融界享有權威地位的道瓊指數，從 2000 年開始舉辦道瓊永續性指數 (DJSI)。這項指數把全世界 59 個行業，收斂為 24 個行業團體，再分別由每個行業團體中，遴選出年度總冠軍。

把學習的習慣培養好，偶而隨興一下，找到就業後還能持續下去的興趣，人生也許會更有趣一點。

—— 台積電文教基金會董事長　曾繁城

成就熱情

戲劇化的產業人生

程章林

　　率領團隊，以軟性顯示創新技術，屢獲國際大獎肯定的他，於 2014 年再添一項國際殊榮，成為國際顯示學會會士（SID Fellow）。他期許自己熱愛生命、熱心助人、熱情做事，成為年輕人的榜樣。

揚名國際　終身成就

2014 年六月初，國際資訊顯示學會（Society for Information Display,SID）在美國聖地牙哥舉行年會，會中頒授該學會最高榮譽，國際顯示學會會士（SID Fellow），給工業技術研究院影像顯示科技中心主任程章林。

SID 創立於 1962 年，會員包括顯示產業中最傑出的科學家、工程師、研究員及企業主，人數約五千名。獲得 SID 學會會士，是對獲獎者終身成就的最高肯定。

二年前，程章林也以「軟性顯示及電子用之柔性顯示塑膠基板」與「可複寫及可重複使用之電子紙」等技術開發的卓越貢獻，獲 SID 頒發 2012 年度「特殊貢獻獎」（Special Recognition Award），表彰他長期在平面顯示器產業的卓越成就。

鳳山　小金鋪的童年

回想童年，程章林腦海出現的，就是位於高雄鳳山，父親所開的小金鋪。店裡小小的展示櫃上，一個盤子墊著紅色絨布，擺上幾顆戒指，就這樣做生意，支持一家人的生活所需。

程章林的祖父原在福州務農，去世得早。程章林的父親身為長子，為求生計，1945 年抗戰勝利後，便到台灣拜師學藝，當銀樓學徒。三年後學成，孝順的他回家鄉成婚，並把母親及妻子接到台灣。

1963 年，父親積勞成疾去世那年，程章林才九歲。大哥十三歲、姊姊十一歲、兩個妹妹、一個弟弟，分別是七歲、四歲及二歲。不識字的母親，守著父親留下的小金鋪，一肩挑起養育六個孩子的重擔。半年不到，傷心不已的奶奶也過世了。

父親記憶　幸福時刻

年僅九歲就嚐到失怙之痛，在程章林的記憶中，對父親的印象是片段的、模糊的。印象中的

小學四年級代表學校參加全省作文比賽，人生第一張大頭照。

父親沉默寡言、忙於工作，留著落腮鬍又一臉嚴肅的他，給人一副很兇的感覺。多年以後，當程章林也身為人父後，才終於理解，父親只是不知該如何教育小孩，才造成親子間的疏離感。

對父親的記憶少得可憐，成了程章林心中永遠的遺憾！不過，他仍記得，小時候家裡規定晚上十點要上床，但如果隔天放假的話，父親偶而會帶孩子們去看十點鐘的最後一場電影。

跟著父親一起看電影的日子，程章林經常是睡著的。電影散場

三歲時的全家福。程章林依偎著父親，手上拿著一枝心愛的木頭手槍。

後，父親也不叫醒沉睡的他，而是把他，一步一搖地揹回家。在父親的背上安睡，那種充滿呵護與疼愛的滋味，成了程章林少數幸福的記憶！

不安的童年

靠著父親一份收入，要養活程章林兄弟姊妹共六個孩子，加上奶奶與父母親，全家九口人住著只有幾坪大的屋子，日子本來就不寬裕。父親去世後，家裡頓失靠山，經濟更顯拮据，但母親說什麼也捨不得把孩子送人。

比程章林小二歲的妹妹，由於身體殘疾，小時候常被頑皮的孩子肢體或言語霸凌。所以小學三年級以後，就輟學了。整個小學時期，程章林一直是班上個子最小的人，小學畢業時身高才 123 公分，讓他覺得自己是個弱勢者。父親走了之後，程章林心裡更多了一股不安全感。

尋找啟蒙恩師

小學一年級時，程章林受鄰居的小哥哥唆使，把原本應該交給老師的學費，拿去買了漫畫。東窗事發以後，被母親修理了一頓。

小學二年級，因為沒有做功課，被老師狠狠地打醒後，程

尋訪 50 年前啟蒙恩師張蘅如女士（中），合影於 San Mateo 的老人公寓前。

章林才開始學好，奮發向上。張蘅如老師擔任程章林小學一到四年級的導師，可說是他的啟蒙者。她不但帶領程章林走上學習的正軌，在程章林父親過世後，也在生活上對他特別照顧。

多年以後，程章林在美國柯達公司工作，逢假期回台灣時，遇上小學同學，就開始請大家幫忙尋找張老師。陸續找了三十年後，終於在老師六十八歲這年，與她重逢。

張蘅如老師與夫婿住在靠近舊金山機場的老人公寓，身體硬朗，對程章林屢次在國際舞台上獲得肯定，十分欣慰。她只要看見報上刊出程章林獲獎喜訊或好消息，就會特別買下許多份報紙保留起來，

深以程章林為榮。

看著自己長大

受到老師啟發，小學三年級以後的程章林下定決心把書念好。當他功課變好、又當了班長以後，就不再有同學欺負他了。尤其每天早上，程章林在隊伍最前面，領著班上七十多位個子比他高的同學列隊開朝會，真是相當神氣。

失去父親的程章林，在成長過程中，有很多的自我摸索。很長一段時間，他都在苦苦尋找學習的典範。透過同儕、玩伴眼裡反映出對自己的印象，程章林自我揣摩、調整，望著鏡中的自己，一路「看著自己長大」。

幸好，靠著師長的教誨、鼓勵、讚賞，一步步將他誘導到正途。長大以後，程章林更在信仰中找到極大的安慰與感動。有一回牧師告訴他 "What God takes away, He replaces it with himself." ，這讓他豁然開朗，理解到自己雖然沒有了地上的父親，但一路走來，都有天上的父親在眷顧指引。

高中傳福音

程章林記得父母親來到台灣後沒幾年，就信了耶穌。教會活動對高中時代的程章林，有很大的影響。當時就讀高雄中學的他，參加鳳山的教會。許多長輩看他既聽話功課又好，就經常訓練他、指

導他。甚至還安排他上台傳講福音,時間長達一個小時。

　　一個小時站在台上侃侃而談,對害羞的程章林來說,是很大的挑戰。他努力找資料做準備,有次偶然選擇分享柯達創始人喬治伊士曼(1854~1932)的故事。一番磨練後的他,慢慢成為一個可以在眾人面前無礙分享、充分表達,滿懷自信的人。只是他從未想過,多年以後,自己到美國取得博士學位後,就是加入柯達公司工作。

誓言不凡　要做 SOMEBODY

　　程章林從小就夢想自己長大後,要成為一位不凡的人物(SOMEBODY)。他嚮往遠方浩瀚的世界,希望有一天可以出去闖蕩一

與二位母親及家人分享獲得東元獎之喜悅。

番，完成偉大的夢想。隨著年齡漸長，程章林沒有一刻遺忘千里遠
征的雄心壯志。

　　靠著不斷努力，程章林不但順利與太太一起出國留學，而且還
以三年半的時間取得博士學位並加入柯達。那正是柯達的輝煌時期，
二十四年期間，程章林致力技術研究工作，不但取得最崇高的柯達
院士(Kodak Fellow)榮譽、累積 33 項美國國家專利、二次榮獲柯達
傑出創新獎，還擔任柯達 LCD 偏光膜事業部技術長，帶領柯達團隊
成功開發全世界最薄的 LCD 偏光膜。

　　2011 年，程章林獲得第十八屆東元獎，正是表彰他率領團隊開
發軟性顯示技術，屢獲國際科技大獎肯定。

大哥章生

　　工研院十五館，是一棟充滿故事的建築，也是成功孵育台灣半
導體產業的基地。2014 年恰是工研院電子所(ERSO)創立四十週年，
歷任所長從胡定華、史欽泰、章青駒、邢智田、胡正大、徐爵民，
到陳良基，都與這棟建築有著密切的關聯。

　　2006 年 1 月工研院改組，電子所轉型成為電子與光電研究所(電
光所)，衍生成立「影像顯示科技中心」，並延攬程章林回國，擔任
該中心主任。

　　到工研院上班的第一天，程章林就在館內遇上一位資深同仁，
這位同仁認識程章林的大哥程章生，一眼就認出與大哥長得神似的

工研院十五館大門口，程章林身旁
是電子所二十週年紀念雕塑。

程章林。原來，這裡正是三十多年前程章生上班的地方。

程章生是家中長子，比程章林大四歲。小時候，程章林總喜歡跟在大哥後面。父親剛過世的那幾年，受到周遭環境影響，大哥曾經迷失，混過幫派，讓母親非常困擾。在親友建議下，十六歲不到的他，自願提前入伍，當兵去了。

退伍後補習一年多，程章生考上台大電機系，恰與考上清大化學系的程章林同一年進入大學就讀。曾被派往美國 RCA 受訓的程章生，本有著往半導體產業發展的大好機會，但他卻因長子的責任感，毅然回鳳山老家，照顧母親及銀樓家業，直到他的人生終點！程章林認為，他和最小的弟弟能有今天的成就，都要感謝大哥的勇於承擔，才能讓他們無後顧之憂地完成博士學位，並追求人生的夢想！

嚮往　清大學風

雖然投身前瞻的科技研發工作，但程章林其實是個相當感性的人。升高三時他原本還想轉乙組，準備報考大學中文系。但班導師

為他分析，喜歡文學可以是一輩子的事，而選擇職業不一定要念文組，除非他願意像老師一樣，當個中文老師，一生但求溫飽。老師的這番話，才讓立志成為 SOMEBODY 的程章林打消轉讀文科的念頭。

受到未央歌書中那群學生的熱情與追求夢想的勇氣影響，程章林十分嚮往清華大學的自由學風，不但選為前幾個志願，而且也順利考取化學系。離開鄉下老家，來到清大的第一年，要適應的事情很多。新的經歷與體驗，讓他開始轉變與成長！就像他向校刊投稿的文章中所寫：「我的一年就跟華爾滋的第一步一樣，反正一滑就滑出去了。」

風城譜戀曲

「妳好，我是程章林」，陳琪君至今還記得，當年她在清大校園與程章林相遇的那一刻。騎著腳踏車的程章林，經過陳琪君身邊時突然停下，回過頭鄭重地自我介紹。那誠懇的態度，加上一雙大眼睛，讓陳琪君留下了很好的印象。

現任工研院材化所顧問、曾任美國全錄首席科學家，陳琪君是程章林清大化學系小一屆的學妹。聰明靈巧、能動能靜的她，在音樂、歌唱、體育各方面，展現了全方位的才華。

小學時，陳琪君與酷愛古典音樂的兩名女同學，立志成為現代版音樂三 B，想與古典樂壇的三 B 作曲家貝多芬、布拉姆斯、巴哈一較高下；讀北一女時，別人已展開聯考苦讀計畫，但被選為奧運

清華大學時期夫妻倆同是年度梅竹賽的籌備委員（前排左二陳琪君，前排右二程章林）。

體操國手的陳琪君，整個暑假都在集訓。雖然體操國手的夢，後來因為雙親大力反對而告中斷。但陳琪君考進清大後，不但在各項社團活動上大放異彩，而且也繼續投入最愛的體操活動。

動靜皆宜　風雲人物

　　陳琪君可說是清華大學少見的傳奇人物。過去清大在全國大專運動會中，成績並不出色；陳琪君不但在一百公尺、低欄等項目的成績破學校紀錄，挾著北一女體操隊，又是奧運入選國手的她，在

273

全國大專盃比賽中，拿下三金一銀，外加一個個人總錦標的驚人記錄，讓校園一夕之間幾乎沸騰了起來。

參加了網球社、桌球社、國術社的她，不僅運動在行，唱起歌的陳琪君，歌聲也很迷人。陳琪君參加國劇社及國樂社，扮武旦、青衣、演奏揚琴都難不倒她。此外，她還演唱熱門音樂，擔任迴聲社的主唱。

精彩萬分的大學生活，在清大校慶這一天，竟讓從台北僕僕風塵來新竹的母親，遍尋不著陳琪君。最後還靠著二位同學騎腳踏車到處找，才終於讓母女見到了面。

左圖：留學美國紐約期間，陳琪君和程章林參加旅美清大校友會公演。右圖：陳琪君在「打漁殺家」的國劇造型。

不過，也由於陳琪君的活躍與傑出表現，讓校長及學校老師們都知道有這號人物存在。清大畢業時，陳琪君不但獲頒特別貢獻獎，校長徐賢修還特別推薦她進入精密儀器發展中心任職。（註1）

開風氣之先　全校普選

　　經過大一的沉潛，程章林升上大二後積極參與社團活動，整個人活潑了許多。他擔任雙周刊編輯，並在大二下學期被選為班代表。更大膽的事來了，程章林與一些同學成功遊說訓導長開放代聯會主席普選，也就是讓每位清華的學生一人一票，選出班級代聯會主席。此舉可說是引領風騷，創當時大專院校民主風氣之先！

　　清大當時有化學、核工、數學及物理四個系，這場清大有史以來第一次的代聯會主席普選，共有四組競選搭檔參加角逐，好像在選總統、副總統。說起當年找競選搭檔，程章林玩笑著說，核工系的張一江「真是卑鄙」！因為，既有戰略又有戰術的他，先馳得點，悄悄派人遊說化學系陳琪君這位風雲人物，擔任他的副手。

　　眼見王牌被人跨系搶走，程章林只好與競選團隊緊急開會，最後決定找數學系的朱啟平作為搭檔。選舉結果，「張一江、陳琪君」這組獲得第一高票，「程章林、朱啟平」組則居第二。

有為有守　令人欣賞

　　選舉落幕，張一江身兼班級代聯會主席兼活動中心總幹事，代

聯會副主席由競選搭檔陳琪君擔任，至於活動中心副總幹事，則找獲得第二高票的程章林入閣。如此一來，原本因競選處於競爭狀態的程章林與陳琪君，竟變成天天在一起合作的搭檔。而這也讓陳琪君有機會，看見程章林讓她欣賞的優點。

在陳琪君眼裡，程章林是個有原則的人。大家一起開會，遇上意見不同時，他不會跟人家起爭執，而是曉以大義、據理力爭。陳琪君說，多數人可以很圓滑、隨和，但卻不一定有說不的勇氣。待人處事「有為有守」，是程章林最令陳琪君欣賞的特點。

專注認真　丈人點頭

清大畢業後，程章林先去當兵。比程章林晚一屆的陳琪君畢業後，則留在新竹的精密儀器發展中心工作，這時兩人一個上班一個服兵役，都還沒有出國唸書的想法。

受完預官訓練下部隊後，程章林才有了出國留學的念頭。他決定先報考研究所，並給自己兩年時間好好準備留學事宜。定下目標後的程章林，珍惜部隊給假的空檔，與大學同學分工讀書，準備GRE考試。忙於工作的陳琪君只要得空，也會加入讀書會的行列。

報考台大化學研究所前夕，程章林向部隊請假後，穿著一身軍服，就直奔陳琪君家借宿。跨過一個周末，就要進考場的程章林，不眠不休地準備了六十個小時，那種全神貫注的精神，感動了陳琪

君的父親。

其實，程章林與陳琪君剛開始交往時，陳琪君的母親並不贊同，
幸好她父親持中立態度。而苦讀順利考取台大研究所後，程章林終
於打動二老，將心愛的女兒託付給他！

飛向夢想　去國 28 載

1978 年四月訂婚，確定學校後，程章林與陳琪君很快地在七月
九日結婚。八月十五日，小夫妻從松山機場踏出國門，開始追尋遠

研究所時與恩師 (Prof. Morawetz) 暨實驗室同學們合影（前排蹲者右一為程章林）。

大的夢想。本以為兩人在紐約的學校相距不遠，豈知在地圖上只有小指頭那麼一點大的兩地，其實卻是遙遙相隔。

　　程章林以三年半的時間，拿到美國紐約科技大學高分子化學材料博士學位，之後進入柯達任職廿四年；陳琪君取得博士學位後，進入全錄公司工作，直到 2006 年隨程章林接受工研院延攬回國，此時的她已是全錄首席科學家。

人父的反省

　　留學美國，到紐約的第二年，程章林與陳琪君有了一個寶貝兒子。程章林說，兒子乖巧聽話、斯文有禮、更難得的是善體人意，讓他們夫妻兩人深以為榮。他感嘆說，如果時光能夠倒流，他會希望自己能給孩子多一點仁慈與鼓勵，少一點嚴格與責備。

　　「還好琪君在孩子身上花了很多時間」，程章林反省自己「太嚴格會影響孩子自信」的教育方式，曾讓父子關係遇上很大的挫折。直到看著孩子慢慢長大，他才逐漸開明起來，體會到孩子是一個獨立的個體、獨特的生命。身為父親的自己，甚至也能從孩子的個性與想法中，有所學習。

老三的生存之道

　　相較於程章林的認真、給自己訂目標、並努力達成，陳琪君卻

是一派率性瀟灑。成長過程中，她有自己一套「老三的生存之道」。

陳家四千金，大姊絕頂聰明，學什麼都快，懂得弦外之音；二姊長得最美，是個漂亮寶貝，所以有很多人追求；而妹妹很有藝術氣質，喜歡音樂、美術，也教人畫畫，但就是不喜歡出鋒頭。陳琪君自認長處在運動，記憶力不錯。她認為老三雖然在許多方面容易被忽略，但好處是自由度高且壓力比較小。

聰明率真的陳琪君，是妹妹眼中的大英雄，兩個小姊妹，從小就玩在一起。小時候有一回要跨越水溝，陳琪君一跨就過，但妹妹實在太小，賣力一大步也到不了對岸，所以就噗通一聲掉了下去。救起腳上流血的妹妹，回家怕媽媽發現，陳琪君情急之下替妹妹蓋上棉被，一句「英雄不流淚」，竟然就讓妹妹忍住眼淚不哭，可見陳琪君在她心中的份量。

受到西部電影影響，陳琪君的夢想，曾是長大後在牧場工作。進入國中接觸體操後，夢想才改變了。高二升高三的暑假，全心投入奧運選手集訓的她，無法參加學校的課業輔導，造成高三第一次月考成績不佳，從此父母反對她希望成為體操選手的夢想。

陳琪君為此哭得很厲害，「覺得自己就要庸庸碌碌過一生了」。但若干年後，當她看見奧運金牌體操選手的卓越表現，頓時發覺，要練就那種程度，必須有很多先天與後天條件的配合，這時的她，才終於諒解父母的心意。

琪君的啟蒙恩師

萬華女中班導張聞霞老師，以及引領陳琪君進入體操世界的廖諸易老師，是她最難忘的二位啟蒙恩師。廖諸易老師除了在體操上的專業，也很照顧學生的身心健康。他只要發現學生出現怠惰，就會適時關心學生心理，調整訓練的步調；另外，他也嚴格約束學生，不准練習完滿身大汗時，就喝冰涼的飲料。

班導師雖然看來嚴肅，但對學生卻非常關愛。為了讓學生有多點時間唸書，還特別替全班學生去排隊買月票。上課愛東張西望的琪君，其實不太愛唸書，但她還是以全校第一名考上北一女。校長、訓導主任及班導師還為此專程到她家放鞭炮道賀！

紐約留學

留學第一年，程章林夫妻倆過得相當辛苦。由於就讀不同學校，兩人必須花一、兩個小時搭車才能相見，好在後來陳琪君轉學成功，兩人才住在一起。

紐約物價高，兩人在學校對面分租一間小房間，撿來人家丟棄的單人床，再搭上一排牛奶箱當床腳架，就是夫妻倆睡覺的地方。直到一年後閣樓的房客搬離，他們才搬上閣樓，有了較大的房間。

陳琪君還記得閣樓中的二手家具、破了一個大洞的書桌，以及克難的窗簾，現在回想，留學的日子真的很苦。有一次深夜裡，還窺見窗外上演著飛車追逐、槍戰的戲碼，簡直是無法想像的電影情

研究所畢業典禮後，全家在紐約市 Carnegie Hall 前合影。

節！不過當時小夫妻卻一點也不覺得苦，還經常買披薩在家熱情招待落單的朋友，把日子過得很熱鬧，

母親　堅強的後盾

　　陳琪君懷孕時，因一面唸書一面兼助教，過度勞累，有一次竟在實驗室昏倒了。於是在孩子出生前幾個月，程章林的岳母就到美國準備幫女兒坐月子。小孩出生後，岳母還將孫子帶回台灣照顧了十一個月，讓程章林夫妻倆可以專心唸書。

　　那一年，陳琪君與二姊、妹妹三人都在美國，而且非常巧合地，在七十天內陸續生產。還好母親來到美國，把三個女兒照顧得無微不至。談起母親，陳琪君直說，「她真是個超人」。

孝心 健康食譜

　　程章林對岳母十分孝順。陳琪君說，母親總在人前人後稱讚章林，說她有四個女兒，會選擇與老三同住，可不是因為女兒的關係，而是因為有個貼心、孝順的女婿。

　　每天早上，程章林都會為岳母親手煮麥片。程章林說初級加工的麥片比較營養，用煮的其實只要幾分鐘，他還會加入北埔的竹光杏仁純與蔓越莓等，香氣四溢。程章林說自己原本有脂肪肝，因為早餐都吃營養麥片粥，已經完全恢復正常。

　　下班後，很少應酬的程章林夫婦，總是回家享用母親準備的愛心晚餐。以前挑食不愛吃青菜，肉食主義的程章林，受到陳琪君影響，現在已經不太吃肉。程章林總是說，影響他最深的，其一是信仰，其二是家人。他強調「太太 Cindy 是我最好的朋友」，也是影響他最多的人。

臨終陪伴 兄弟告別

　　程章林說，仁慈是由智慧產生的。因為宗教的力量，他已經能夠做到不僅愛自己的配偶、家人，甚至可以愛一些不可愛的人。在

美國教會擔任執事期間，程章林曾持續陪伴、探望一位住進安寧病房的余秉本女士，在她生命最終的幾個月裡，聆聽她敘述一生經歷的故事。

　　陪伴的過程，程章林彷彿走進余秉本的人生，目睹生在中國的她，如何躲過文革的迫害，在謊言、出賣、攀炎附勢及人性赤裸裸的鬥爭中奮力求生。來到美國的她，並沒有找到夢想中的天堂，反而是無法抵抗地，讓婚姻、女兒、健康等問題，占滿了她的下半輩子生活。

　　在那段陪伴與聆聽的過程中，程章林體會到自己是替上帝垂聽，是很有福氣的人。那樣的經驗，讓他理解，當人知道自己的生命即將走向終點，會有哪些反應，這也讓程章林對生命，有了更徹透的認識。

　　2013 年，程章林經常搭高鐵回南部，探望生病的大哥程章生，聆聽大哥分享罹患癌症後內心的恐懼與感受。由於在美國時有陪伴臨終病人的經驗，讓程章林更能體會大哥所經歷的一切，他的陪伴與聆聽，也讓兄弟倆的關係更加親近。

牧師好友

　　在教會裡，程章林的才能漸漸被看到，責任也愈來愈大。從執事到執事會主席，讓程章林更體察到教會的各種需要。程章林有二位牧師好友，一位是加州牧會的鄧灼文牧師，一位是親如兄弟的猶

在教會中的服事，為鄧灼文牧師（左）翻譯。並擔任教師、講員、及執事會主席。

太人韓澤民牧師。在鄧牧師鼓勵之下，程章林也開始定期在主日講道。

程章林經常引用鄧牧師的「寶貝快跑(Run, Baby run.)」，來規勸身旁的朋友，要謙卑接受人性軟弱的一面，不要太過自信，以為自己跟別人不同，可以經得起各種誘惑試探。在關鍵時刻，唯有趕快跑開才是最安全的。

明星團隊 全球刮目相看

面對跨單位合作，程章林常提醒同仁及自己要有三度：高度、氣度及態度，亦即「眼界要高、姿態要低、氣度要大」，以展現最大誠意，讓合作成功。脾氣溫和的他，不會對同仁拍桌子、罵髒話，但卻非常講求紀律，重視團隊精神，強調不要明星球員，而是要組成一支讓全世界刮目相看的明星團隊。

2010年程章林接受美國白宮總統幕僚單位 OSTP(Office of Scientific and Technology Policy) 之邀，前往華府美國國家科學研究院，就工研院如何運用科技專案進行研發，以及產業化的過程與經驗，發表演說。

　　回程過境日本成田機場時，程章林一進休息室，就看到華爾街日報封面刊出工研院開發的「多用途軟性電子基板（FlexUPD）- 顯示器材料技術」，在全球597件參賽者中脫穎而出，獲得華爾街日報2010年「科技創新獎」金牌獎。這是台灣第一次居亞洲各國之先，獲得該項國際競賽的首獎，也為國家帶來至高的榮耀。（註2）

　　程章林打造的明星團隊，以上述軟性顯示器材料技術，又拿下2010年美國百大科技創新獎(R&D 100 Awards)。2011年，再以「可重複書寫電子紙 i2R e-Paper」，獲得美國全球百大科技獎，研發成果備受國際肯定。

未來十年　三件大事

　　展望未來十年，程章林計畫要做三件大事。第一件是「開啟軟性顯示新世代，再創顯示產業新契機」，這是他從2006年回台灣接任工研院影像顯示中心主任一職起，就立下的心願。他要帶領台灣的工程師，走出一條偉大的路，開啟一個新的顯示世代。

　　第二件事，他要開始規劃退休以後要做的事。程章林說，當義

工也需要有所準備，接受訓練，才能服務別人，而不致於造成團體的困擾。第三件事，他準備將自己所有的資源，包括他個人累積的錢財、學問、職位，開始回饋給社會，這些都需要事先規劃。

熱心、熱情、真實、真誠

程章林覺得台灣的填鴨式教育，讓很多年輕人比較不擅思考。他經常提醒年輕人對人要熱心，對工作要有熱情，這也是他對職場新人的基本要求。一開始就有傑出的工作表現，反倒不是程章林看重的。

程章林經常提醒自己，要「真實面對自己、真誠對待別人」（Be truthful to yourself，and sincere to others），期望自己能夠成為年輕人的榜樣。坦言自己不完美的他，對自己誠實、時時自省，既熱愛生命，更熱心助人、熱情做事。

人生苦短，程章林認為，如果能夠影響到一個人，哪怕是一個人就好，不管認不認識，他覺得這一生就值得了！

（註1）精密儀器發展中心於 2005 年元月十六日改制納入國家實驗研究院，於 2005 年三月三十日正式更名為「儀器科技研究中心」，簡稱「儀科中心」。

（註2）華爾街日報「科技創新獎」（The Wall Street Journal's Technology Innovation Awards）是從十七個領域遴選最具創新性的技術研發成果，分別頒發各領域的冠軍後，再從中選出年度最傑出的金、銀、銅牌獎。工研院顯示中心獲得金牌獎，可說是年度的總冠軍。

用第一天的熱情，迎接每一天；用最後一天的不捨，珍惜每一刻。

——工研院影像顯示科技中心主任　**程章林**

驚艷國際的太陽光捕手

羅家慶

　　羅家慶出身橫山鄉下，從小吃苦、努力向上。創業前，他是主管與長官最稱許的幹部，創業之後，他是長遠布局、全方位思考的企業家。高中三年，學校強調品德優先與忠信精神，對他影響深遠。

鄉下的山上人家

小時候，羅家慶的家務農，在新竹縣橫山鄉的山上，種筊白筍。排行老大的他，總是在凌晨一點半被叫醒幫忙，剝殼的動作得要俐落，整理好之後，父親還得走一個多小時山路到橫山車站，才能趕得上六點鐘的第一班新竹客運，到竹東市場做生意。

笑說自己不但是鄉下人，而且是鄉下的山上人，羅家慶生在窮困的家庭，除了幫助家計，還要幫人家拉竹子、扛樹木、採茶葉，或是幫人家鏟礦坑的煤炭，賺取零用錢。

國中畢業、離家獨立生活

國中畢業後，羅家慶就離家讀書。15 歲不到的他選擇就讀建教合作的新竹忠信學校紡織科，在那裡，他可以一邊讀書一邊賺錢。前兩年，先上學三個月，接著到位於竹南的中港紡織廠工作三個月，輪三班制。到了高三，則是每天上班、上課輪替，至少十二個小時。

當年的紡織廠環境衛生條件差，工作時棉絮總是滿天飛舞。羅家慶身為作業員年輕體壯，就被指派負責最前面的二道工序，清花跟梳棉（註1）。

高中三年，羅家慶每月收入新台幣五千五百元。除了五百元自用，他每個月寄五千元回家。學費方面，他申請了助學貸款，盤算著當兵回來後再還。羅家慶的父母偷偷把他寄回家的錢存了起來，

這讓他後來再去唸南亞工專時，就不需要再申請助學貸款了。

16 歲、立志當老闆

新竹忠信高中，對羅家慶影響很大。該校創校之初，就建立了四大榮譽信條雕塑學生品格，嚴令要求學生不抽煙、不打架、不作弊、不流氣。

學校鐵的紀律對一般人而言也許很嚴苛，但羅家慶卻絕對遵守跟接受。他告訴自己，他絕對不能被開除。他羨慕中港紡織廠的老闆兄弟楊國宇及楊國宙，他告訴自己，「如果要當老闆的話，做事情是做給自己看的，不是只做給別人看」。這種心態讓羅家慶做事比別人多了份傻勁，也奠定了他往後人生許多想像不到的際遇。

從紡織廠的作業員開始，羅家慶就要求自己多做事，沒人看見的時候也是一樣。他知道，技能學會了就是自己的。他要做的、要培養的，就是準備成為一個老闆，將來能夠經營一個大事業。這一年，羅家慶十六歲。

忠信精神、品德比能力重要

忠信高中三年，是羅家慶青少年時期的重要轉捩點。羅家慶記得忠信高中創辦人高震東校長，最強調的是忠信精神，總是教誨大家「品德比能力重要，如果品德不好，有能力反而會害了國家社會。

但如果品德好，雖然能力差一點，也一定會對社會有或大或小的貢獻」。高震東校長對於品德優先的堅持，帶給羅家慶很大的影響。

羅家慶認真學習紡織設備的維護及修理技術，高中還沒畢業就考取內政部紡織技術士的執照。當時台灣紡織業發達，競爭者眾，年紀輕輕的羅家慶靠著自己吃苦努力，拿到稀少而珍貴的這張執照，編號兩百零五。

自信應徵儲備幹部

高中畢業，羅家慶得知上市公司福益紡織正在徵求儲備幹部。羅家慶想自己已經有三年實務經驗、又有紡織技術士執照，於是不顧應徵條件要求必須具備大專學歷，就自信地前往應徵，竟也順利錄取。

儲備幹部的月薪一萬兩千五百元，羅家慶擔任保全人員的同學及學長月薪水是八千四百元，相較之下高出許多，讓他至今仍對福益紡織的老闆銘感在心。羅家慶住在公司宿舍，生活簡樸，他幾乎把賺到的錢，都存了起來。

福益紡織做了一年，工作認真的羅家慶，連廠長都十分稱許。但一位主管的提醒卻讓羅家慶斷然決定辭職。這位股長建議羅家慶，應該再去讀書。因為羅家慶雖有紡織技術士執照，但卻只有高中學歷，比公司裡許多人都低。如果沒有提升，很可能做再久，都還只

是儲備幹部而已。這番話如雷灌頂，也讓羅家慶決定，立刻辭職準備聯考。

野狼 125　朝目標狂奔

何信亮，羅家慶同梯進福益紡織的同事，比羅家慶年長，這時已從南亞工專畢業，兩人是同鄉，感情很好。羅家慶說，何信亮也是他人生中的貴人。

羅家慶告訴何信亮自己辭職要去讀書，何信亮二話不說，就騎著他的野狼125，把羅家慶從楊梅載到中壢去找補

羅家慶辭職準備聯考，時間只剩三個月。

習班。羅家慶永遠都不會忘記，那一天下著傾盆大雨，摩托車在雨中狂奔，把兩人都淋成落湯雞。

沒想到，距離聯考只剩三個月，所有的補習班早就結束招生，只剩下總複習班。離開工廠的羅家慶，宿舍沒了，連住都成問題。懷著破釜沉舟的決心，羅家慶千拜託萬拜託，終於說服大興補習班的老闆，租給他一間宿舍。

既然聽不懂總複習班的課，羅家慶決定到中央大學的圖書館自習。這時他想起一位小學同學正在中央大學讀化工系一年級，就常去請教他。苦讀自習三個月，羅家慶就參加聯考。

享受青春　爵士鼓手

以第一志願考取南亞工專技術組，羅家慶從此翻開生命新頁。喜歡讀書思考的他，這段期間時常寫文章投稿。而從高中就開始玩音樂打鼓的他，這時也組了一支搖滾樂團，成了一名爵士鼓手，並經常到全國各地去表演。

讀南亞工專這兩年，讓羅家慶真正感覺到，自己在享受青春。做事總是認真又充滿熱情的他，打起鼓來也不例外。他還記得自己用保麗龍設計了一個招牌，叫音樂人，還招收學生，教爵士鼓。

預官敗陣　塞翁失馬

專科二年級，要考預官。羅家慶的準備功夫下得比聯考還深，結果成績很好，名列全校前茅，但意外的是，智力測驗卻沒考過，就這樣當不成預官。

智力測驗沒考過的原因是，羅家慶太缺乏考試經驗，一開始就被前面的考題絆住，最後來不及答完所有的題目，也因此與預官失之交臂。

巧的是那一年與羅家慶一樣，主科得高分、智力測驗卻沒考過的人還真不少。出人意料地，中科院把這 180 名年輕人，悉數延攬成為科技兵。這真是塞翁失馬、焉知非福。沒考上預官的羅家慶，就此成為中科院的技術士官，負責天弓飛彈火藥推進器儀表校正的

關鍵任務，開始接觸到技術最尖端的兵工科技產業。

中科院　科技眼界大開

中科院裡，羅家慶身邊同事不是碩士就是博士，而且大多是國立大學畢業的優秀人才。羅家慶回憶，雖是服兵役，但中科院長官卻非常重視且尊重這批年輕人，讓每個人都負責非常重要的職務。

羅家慶的任務是，為製造天弓飛彈火藥推進器的所有製造設備，進行儀表校正。這是一項攸關廠房存亡，絲毫不容馬虎的關鍵任務。

有一回，羅家慶工作太認真，過度使用儀表校正設備，結果把它燒壞了。那個機器造價高達二百八十幾萬元，讓羅家慶相當緊張，但當時的所長卻認為羅家慶是在認真做事，絲毫沒有怪他。

較真精神　做給自己看

回顧在中科院的歲月，羅家慶說，那是個無價的經驗，讓他接觸到全世界最尖端的電腦、最昂貴的儀器設備，並了解最先進的化工廠流程系統。這段經歷讓羅家慶比同齡的人更早接觸高科技，讓他眼界大開。

從小羅家慶做事認真，具研究精神，沒找到滿意答案之前絕不停止。他較真跟凡事做給自己看的精神，讓他在中科院擔任工程師期間，深獲長官好評。

退伍前，長官告訴他，其實他負責的任務相當危險。凡是他檢查校正過的儀表及生產結果要是出問題，都要負很重的責任。羅家慶負責該項任務近二年期間，做到了完全零事故，大受長官嘉許。

裕隆五年　累積第一桶金

退伍後，快 23 歲的羅家慶，加入裕隆關係企業裕信汽車。前兩年先是負責開發汽車零件，後三年則負責廠內的生產技術，包括機器人手臂、管線及循環系統，都由他來規劃，工作內容涵蓋機械跟化工領域，又回到羅家慶的專長。

五年的光陰，羅家慶累積了許多產品開發、模具開發、生產設備及生產技術的實務經驗，存下一些錢，想創業的念頭，開始化為行動！

28 歲創業　服務業出發

十六歲以來的創業夢想，從未改變。羅家慶在裕信汽車工作期間，每逢假日會跟同事一起到永安漁港賣蚵仔麵線及炒米粉。羅家慶說這是為了創業所做的研究，他想要體驗服務業到底應該怎麼做。

靠著在汽車廠工作了五年存下的人生第一桶金一百八十幾萬元，加上家人湊出來的錢，羅家慶以三百萬元創業。創業之初，他只有一個信念，那就是從不需要大量資金的服務業切入。他相信在

服務業裡面，別人可以做到的，他一定也可以。1993年，二十八歲的羅家慶成立公司，一腳踏入房地產的領域。

服務業是與人相關的行業。像羅家慶這樣一個剛踏出工廠的工程師，社會人脈很少，要做服務業，起步真是困難。於是，他著手設立未婚聯誼社，希望透過好的服務，打開人脈網絡。

這個創新的構想，果真讓羅家慶快速累積人脈，未婚聯誼社會員最多曾達到一千五百多人。而當時還是單身的羅家慶，也因此找到理想的人生伴侶。

創業元年　虧半個資本額

萬事起頭難。沒有人脈及背景的羅家慶，從事不動產經紀業的第一年，才成交一個客戶。羅家慶說，最關鍵的是，客戶還沒有信任你。

倒是未婚聯誼社讓羅家慶認識了很多人，這些人後來紛紛帶給羅家慶在房地產市場的成長。

創業元年，羅家慶就虧掉一百八十幾萬元，等於是一半以上的資本，擔心越虧越多的親人，有人提議乾脆不要做了。羅家慶在壓力下卻不為所動，他回家找父親，拿家裡的田去銀行借了一百萬元，讓公司再增資。如今回想起來，那真是個關鍵的舉動。

在第一年累積的基礎上，公司營業額開始從一個月幾萬元、十

幾萬元、到二十幾萬元慢慢成長。大夥在公司創立的第二年，每個月都還只支領三千元的零用金，不領薪水。這就是尚緣房屋創立的經過。

孕育能量　在低迷的十年

在房地產景氣低迷、房價一路往下的十年入市，這是羅家慶創業之初所沒有想到的。從 1993 年創業到 2003 年嚴重急性呼吸道症侯群 (SARS) 橫行，台灣的房地產泡沫化，房價直直落，眼見每坪從十六萬跌到六萬元，幾乎所有做房地產的人，都虧了錢。而且是規模越大的，受傷越慘重。

相對之下，剛剛起步、投資保守、堅持不貸款的羅家慶，卻能在景氣低迷的十年之中，孕育能量。接下來，他還以創新的商業模式，締造成功。

不動產　創新商業模式

無論投入哪個行業，羅家慶總是先潛心研究並耐心累積能量。房地產不景氣的十年，他保守行事，培養堅忍的耐力，也不斷苦思創新之路。

在不動產的經紀業務外，羅家慶也與人合資建造房屋及開發土地。2001 年以後，羅家慶配合政府的政策，在竹北做區段徵收的土

羅家慶熱心公益活動

地開發。當時很多人
都看到竹北的土地開
發商機很大，但困難
度也極高，真正能夠
不畏風險，越過重重
障礙，下功夫成功整
合出大片土地的人卻
不多。

　　羅家慶靠著長期
耕耘的人脈網絡以及
在房地產領域建立的信譽，取得許多地主的支持，讓他主導的土地
開發案十分順利，這也讓他在竹北的不動產界，一炮而紅，為公司
及他個人帶來可觀的獲利。而這也是後來他創立太陽光電集團時，
能順利募資的重要基礎。

轉進太陽能產業

　　羅家慶看好太陽能產業。他發現當石油價格飆漲時，太陽能的
行情就會大漲，而且太陽能產業也是一項極具潛力的能源產業。羅
家慶緊鑼密鼓組成團隊著手開發太陽能的新產品，希望能夠幫助他
擔任董事的一家企業成功轉型。羅家慶的提議，獲得了該公司董事

會的同意，但最終因為這家公司的總經理反對，而踩了剎車。

眼看著技術團隊已經動起來，羅家慶於是決定自己打造太陽光電集團（BIG SUN Group）。他先在2006年帶著一手籌組的技術團隊，成立太陽光電能源科技（BIG SUN Energy Technology），專注太陽能電池的開發。隨後，又於2009年創立上陽能源（TOPPER SUN Energy Technology），提供太陽能系統規劃設計及系統安裝。

結合技術與資金

老實說，羅家慶覺得自己投入太陽能產業時，完全沒有優勢，有的只是從房地產賺到的一些資金，加上朋友賣掉土地的資金，從頭做起。至於技術，羅家慶決定讓一些半導體的人才試試看。他覺得，台灣不做太陽能產業實在太可惜了。

在此同時，一些從清華大學與交通大學畢業的半導體人才，也已經看到太陽能商機，只是，他們有技術背景卻沒有資金。

就這樣，技術團隊與資金團隊決定攜手共創新產業。2006年5月，太陽光電以一億零九百萬元的資本額創業。羅家慶說當時太陽能是個很熱門的投資項目，而且能夠很簡單地從國外買到技術，但工程師出身的羅家慶很快就懂了太陽能產業的技術環節，幾經思索後，他決定把錢投入內部的研發團隊。

如今，太陽光電增資到十五億八千萬元。羅家慶說，我們在研

發上花了很多錢，建立了自有技術、獲得許多專利，才有了今天的小小成果。

整合的藝術　品牌的價值

太陽光電集團創新的商業模式，在全球太陽能產業中，可說獨樹一幟。一方面，他們在技術上努力衝刺，追求高轉換效率的太陽能電池及電池模組；另一方面，他們也在市場開發上，整合出許多讓人難以快速模仿的商業模式，並積極樹立品牌形象。

大安溪以南，台灣陽光美艷的土地上，太陽光電協助客戶在廠房屋頂上建置大片的追日太陽能系統，蒐集的電力除了供給廠房自用外，甚至還能回賣給台電。此外，這些系統也通過嚴格的檢測與驗證，成功進駐到不再採用核能發電的日本。

此外，羅家慶也複製當年房地產的成功經驗，成功地把擁有土地、擁有資金、以及擁有太陽能技術的三方，結合在一起。

機會來時　你準備好了嗎？

看到機會，就想辦法整合大家的資源一起賺錢。竹北的經濟繁榮，就是羅家慶看到的第一個機會。他成功地整合了竹北高鐵站附近最精華的三筆商業區土地，以利潤共享的精神，花下長時間奔走，把三千多名地主及金主整合起來，終於達成目標。

太陽能產業，則是羅家慶看到的另一個機會。剛起步時，感覺很像當年剛剛踏入房地產業一樣，他也做好了接受挑戰的準備。靠著從房地產賺得的資金與結識的好友人脈，九年來他已經率領團隊在產品開發、市場開拓，以及創新的商業模式上，打下良好基礎。

機會來時，你準備好了沒有？羅家慶說，他為了爭取和竹北的三千名地主合作，光是市調、扎根，做基礎準備工作，就做了五年。做好準備，一旦機會來了，才能順勢起飛！

太陽能產業　國際競局

太陽能產業是一個國際性的產業，每個投入的參賽者要面對的，是國際一流人才、技術、產品及投資人的競爭。一開始加入這場國際賽事，羅家慶坦言壓力很大。

在這場國際競爭中，許多廠商為了加快腳步，決定從外國引進技術。但幾經思考，羅家慶還是決定，把引進外國技術必須支付的三億元權利金，轉作公司研發團隊的開發經費。這項決策是一個很大的賭注，這意味著產品開發期即將拉長，也因此嚇跑了許多創業投資業者。

從研發到商品化這段期間，羅家慶以「很煎熬」三個字形容他的心情。他知道自己研發起步會比別人慢，但他想要的是，未來的路能夠走得比別人長。

羅家慶要求研發團隊分別開發單晶矽及多晶矽的太陽能電池（註2），後來單晶矽的轉換效率做得比較好，2009年開始以7.8%的轉換效率領先同業，如今已做到20.1%，是台灣少數供應「單晶矽太陽能電池」的業者。

產品獲得日本肯定

在市場開拓上，太陽光電第一道打開的大門是中國大陸。而隨著產品的品質進步，很快地也打進歐洲市場。接下來，他們發現，還有一個市場，對品質的要求更高，那就是日本。

將產品成功銷售到日本，成了公司重要的里程碑。羅家慶表示，如今日本已是太陽光電集團最大宗的出海口，佔有營業額百分之五十左右。其次是歐洲，佔營業額百分之三十幾，接著是中國。

投入太陽能產業，羅家慶一開始是個賣力的學習者，他學習技

術、產業鏈,以及商業模式。慢慢地,他開始從締造效益與價值的角度,成為一個整合者,包括團隊人才、各種技術,以及商業模式的整合。接下來,他則進入商業模式的創新。

保障投資　綠能新商機

　　2010 年開始,太陽光電開始創新,第一步,就是推出太陽電池模組,取名「黑金剛模組」,如今,已成功銷往日本與歐洲。

　　在台灣,太陽光電集團也締造許多成功案例。

　　積極打造台南市成為「陽光電城」的台南市政府,以補助計畫

日本客戶裝置的追日系統

支持農漁牧業廣設太陽能電廠。2013 年 5 月 4 日，台南市長賴清德出席聖本篤牧場的太陽能電廠啟用典禮，通過嚴格考驗而雀屏中選的系統廠商，正是太陽光電集團的上陽能源科技。

　　牧場中的雞舍屋頂，共安裝了一百萬瓦（1MW）的太陽能發電系統，是當時規模最大的案例。雞舍裡養雞、雞舍屋頂上種電，展現著雙重的經濟效益。

　　上陽能源科技得以脫穎而出，最關鍵之處在於能對太陽能模組無償保固五年、產品保修二十年，並且保障發電效能二十年內維持 80% 以上。

追日系統　國際驚豔

　　羅家慶率領技術團隊，設計出 iPV 太陽能追日系統（iPV Solar Tracker），靠著自家的太陽能電池模組，搭配精簡的結構設計，比起固定型的發電系統，增加 35-110% 的發電量。（註 3）

　　結構設計精簡，常是設計者在經歷無數揣摩後，所展現的專業與自信。也由於結構精簡，讓追日系統一開始的建置成本，以及長期的維護成本都很低。

　　此外，考慮到使用者總是好奇，這套追日系統隨時接收陽光轉換成電力的情形，團隊還設計出一套 iPVsys 軟體系統，可讓客戶隨時上網，也能在智慧型手機及平板電腦上，隨時掌握最新資訊。（註 4）

璨揚企業，位於台南市科技工業區，是台灣最大的卡車拖車車燈製造廠，在屋頂設置了「太陽能追日系統」。

「太陽能追日系統」連續獲得各國發明專利，在市場開發上，好消息也不斷湧入。目前在台灣、日本及中國大陸各地，已擁有許多建置實績。羅家慶說，尤其是對品質及各種細節十分講究的日本市場，能取得客戶肯定，讓團隊士氣大振。

交大 EMBA 情誼　刻骨銘心

「天將降大任於斯人也，必先苦其心志，勞其筋骨，餓其體膚，空乏其身，行拂亂其所為，所以動心忍性，增益其所不能。」孟子這話，用在羅家慶身上，很是貼切。

度過 2008 年的金融風暴，自力開發的產品受市場肯定，公司的業績開始往上走，羅家慶決定到交通大學就讀 EMBA。沒想到，

就在上課第一天，羅家慶聰明活潑的兒子出了意外去世。這件事給正在為事業衝刺的羅家慶很大的衝擊，他對自己沒能把家庭照顧好十分自責，情緒陷入空前低潮。

羅家慶表示，當時交大 EMBA 執行長陳安斌教授對他很照顧，特別請同學們輪番陪了他好一段時間，終於讓羅家慶化悲慟為力量，走出低潮，順利完成學業。

力爭上游，交大 EMBA 畢業

回想做房地產時，在行業最低迷時入市摸索、辛勤耕耘，終於在十年後收割甜美的果實。如今投入太陽能光電產業的羅家慶，經歷金融風暴、喪子之痛，感覺自己似乎又重新經歷當年十年磨一劍的痛苦過程。

十年磨一劍　創新成果獎

2013 年，太陽光電集團旗下的上陽能源(TOPPER SUN Energy)，靠著 iPV 追日系統 (iPV Solar Tracker)，從六百多家競爭者當中脫穎而出，獲得「國家產業創新獎」。此外，經濟部能源局舉辦「優質太陽光電產品評選活動」，肯定優質太陽光電產品的「金能獎」，更讓上陽的產品品質，獲得政府的背書。(註 5)

在專利方面，追日系統已獲得包括歐盟、美國及日本的發明專利。羅家慶強調，發明專利的重點在於追求世界第一，並取得法令保障。他表示，為了要讓好產品獲得全球客戶的肯定，這種紮根的功夫，就是未來連續 20 年成長的基礎。

太陽光電集團於 2013 及 2014 年，連續兩年獲得經濟部能源局頒發「金能獎」。

國際市場　千億商機

日本是最早接受、肯定太陽光電產品品質的市場，截至 2014 年初，已經裝置了超過 200 多套的大型追日系統。越過了這道高門檻，羅家慶的團隊對於開拓國際市場，更有信心了。

分析國際市場的不同需求，羅家慶告訴團隊，要有克服各種挑戰的決心。要建立客戶對新發明產品的信心，需要靠同仁的勤奮、服務並拿出實績。他表示，上市二年多的追日系統對於海外客戶而

言，知名度比較低，要靠同仁與策略夥伴的共同努力，才有機會。

　　隨著太陽光電集團不斷在世界各地建立追日系統展示基地（Demo Site），夥伴與客戶們終於理解羅家慶所看見的全球千億商機。

三大項目　商機潛力大

　　2014 年，羅家慶希望太陽光電集團的追日系統，能展現「絕對競爭力」！他表示，性能優異的太陽能系統，必須能夠同時掌握太陽能模組（Photovoltaic Module, 簡稱 PV Module）、太陽能光電轉換器（PV inverter）、以及固定支架這三大項目的品質。羅家慶深信，只要讓客戶看到品質又好又穩定，市場潛力是很大的。

　　羅家慶說，2013 年追日系統已經取得許多亮麗的成績單，做到具有「相對競爭力」。他希望 2014 年團隊能夠再進一步挑戰新目標，做到「絕對競爭力」！

智、信、仁、勇、嚴

　　羅家慶經營企業，強調孫子兵法的「智、信、仁、勇、嚴」。他說這是公司的 DNA，也是企業文化。

　　智，代表頭腦聰明的人。羅家慶說，沒有誠信的聰明人，會出問題。仁，說的是培養啟發內心對人事物的關懷。羅家慶認為仁很難，發自內心的仁民愛物更是不易。如果一個居高位又聰明的人，

卻沒有仁民愛物的胸懷，那是很可怕的。

　　勇，強調勇於任事。羅家慶說，很多人很聰明，可是沒有勇氣、不敢有所承擔，就容易爭功諉過。

　　嚴，羅家慶說這個字又更難了。簡言之，就是要嚴以律己，也嚴以待人。羅家慶常說，如果做不到嚴以律己、也嚴以待人，就不能把團隊帶好，沒資格擔任主管。

創新永續　行銷全球

　　加入太陽光電集團的同仁，一踏入公司，就會接受到「誠實、

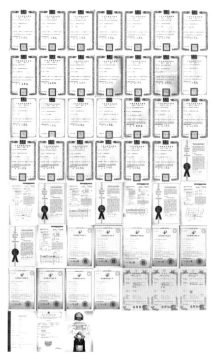

努力多年，太陽光電集團已獲得許多重要專利。

專業、創新、永續」的洗禮。羅家慶說，好產品靠客戶的口耳相傳比自己推動更重要，而員工能夠誠實、專業、創新，才能讓企業永續成長。

　　2010 年，太陽光電集團開發的黑金剛模組，成功銷往日本跟歐洲，是創新的一大步。接著在系統產品的開發上，也邁開穩健步伐。

太陽綠金計畫，讓農地展開複合經營模式

產品創新之外，羅家慶也在商業模式上創新，新推出的「太陽綠金計畫」，讓農地展開複合式經營，可以同時生產農作物、提供休閒觀光，並產出太陽能電力。

　　未來五到十年，羅家慶最大的希望是，將太陽光電集團的產品及創新的商業模式，成功行銷全球。此外，他也希望推動公司成功上市，從創新走向永續的境界。

建議年輕人　從小多吃苦

　　讀化工出身的羅家慶，很喜歡嘗試的過程。他鼓勵年輕人不要

怕吃苦,並建議想創業的年輕人,可以先從小事開始嘗試,慢慢的由小到大,不要做超過自己能力的事。

　　羅家慶說,他常看到有些履歷讓他感覺不到這個年輕人能夠「認真工作」,反倒比較像是個「認真找工作」的人。每個工作都做不到三、五個月就跳槽,羅家慶說,這就叫認真找工作。

　　「我認為機會很多」,就看年輕人是否能夠破除學歷越來越高,就眼高手低的迷思。羅家慶想起高中老師告訴他,一把利刃就算被收在口袋裡,他的尖峰也是藏不住的。如果你夠厲害,就一定會找到出路。

(註1)清花:紡織廠的第一道工序。工作重點在於把原料棉花混合、開鬆、去除雜物,之後按照長度與重量的規格,產出合格的棉卷,提供下一道工序做梳棉加工;梳棉:紡織廠的第二道工序。重點是將所有呈?曲塊狀的棉圈,去掉雜質與短線,並分梳成為基本伸直的單纖維狀態。

(註2)太陽能電池最重要的基礎原料是矽,主要可以分為單晶矽(a-Silicon)電池、多晶矽(Poly-Silicon)電池及無定形矽薄膜電池等。

(註3)上陽能源設計的「太陽能追日系統」,是一套智慧型的追蹤系統,比起其他固定型的發電系統,可增加35-110%的發電量,資料來源:太陽光電集團網站。

(註4)iPVsys是一套結合硬體、軟體、與無線網路通訊的智慧型控管系統。

(註5)2013年10月,經濟部能源局舉辦「優質太陽光電產品評選活動」,選出優質太陽光電產品,授予金能獎證書,獲獎的公司有上陽、永旺、昇陽科、新日光。2014年9月,太陽光電能源科技又獲得第二屆金能獎。

我在太陽光電產業奮鬥，
立誓打造太陽光至登峰造極。

——太陽光電集團創辦人　羅家慶

宏津數位

津津有味的產業故事

國家圖書館出版品預行編目資料

影響－11個故事／王麗娟著 . -- 初版 .
-- 新竹市：宏津數位科技 , 2014.11
316 面；17×23 公分 . -- (產業人物；A002)
ISBN 978-986-89590-1-9 (平裝)

1. 產業人物 2. 臺灣傳記

宏津數位 典藏津津有味的產業故事

Wa-People 產業人物 數位內容中心

■ 科技產業「人」與「事」

■ 值得關注的、值得鼓掌的、值得感謝的……

宏津數位 專業團隊 Since 2008

◆ 產業故事採訪 ◆ 產業文稿撰述
◆ 產業人物攝影 ◆ 產業專書出版

團體訂購：企業機關、學校團體訂購，享優惠

讀者服務：電話 03-575-2220
　　　　　　Service@wa-people.com

網　　　址：http://www.wa-people.com

影響 -11 個故事

人生尋寶之旅 找到熱情與感動

作　　者：王麗娟
顧　　問：盧志遠、陳健邦、蕭明麗
攝　　影：李慧臻、古榮豐、蔡鴻謀
編　　輯：洪瑞英、陳文玲、賴麗秋、陳慧玲、彭琡靜、曾馨慧
美術編輯：陳芸芙、陳儀珊
責任編輯：產業人物 Wa-People 編輯部

出版公司：宏津數位科技有限公司
　　　　　新竹市 300 東光路 42 巷 22 號 2 樓
讀者服務：TEL：03-5752220
　　　　　FAX：03-5752790
　　　　　Service@wa-people.com
法律顧問：兆里國際專利商標事務所 林正杰律師
郵政劃撥
　　　　戶　　名：宏津數位科技有限公司
　　　　帳　　號：50258600
印　　製：驊佑科技有限公司
總 經 銷：紅螞蟻圖書有限公司
地　　址：台北市 114 內湖區舊宗路 2 段 121 巷 19 號
電　　話：02-27953656　　傳真：02-27954100
初　　版：2014 年 11 月　　三刷：2016 年 5 月
定　　價：395 元

ISBN ：978-986-89590-1-9 （平裝）
書　　號：A002

宏津數位 Wa-People 產業人物　http://www.wa-people.com/